Descubra Juegos Gratis Online

Disponibles Aquí:

BestActivityBooks.com/FREEGAMES

5 CONSEJOS PARA EMPEZAR

1) CÓMO RESOLVER LAS SOPA DE LETRAS

Los rompecabezas tienen un formato clásico:

- Las palabras se ocultan sin espacios ni guiones,...
- Orientación: Las palabras pueden escribirse hacia delante, hacia atrás, hacia arriba, hacia abajo o en diagonal (pueden estar invertidas).
- Las palabras pueden superponerse o cruzarse.

2) APRENDIZAJE ACTIVO

Junto a cada palabra hay un espacio para anotar la traducción. Para fomentar un aprendizaje activo, un **DICCIONARIO** al final de esta edición te permitirá comprobar y ampliar tus conocimientos. Busca y anota las traducciones, encuéntralas en el puzzle y añádelas a tu vocabulario!

3) MARCAR LAS PALABRAS

Puedes inventar tu propio sistema de marcado. ¿Quizás ya usas uno? También puedes, por ejemplo, marcar las palabras difíciles de encontrar con una cruz, las que te gustan con una estrella, las nuevas con un triángulo, las raras con un diamante, etc.

4) ESTRUCTURAR EL APRENDIZAJE

Esta edición ofrece un **CUADERNO DE NOTAS** muy práctico al final del libro. En vacaciones, de viaje o en casa, podrás organizar fácilmente tus nuevos conocimientos sin necesidad de un segundo cuaderno!

5) ¿HABÉIS TERMINADO TODAS LAS PARRILLAS?

En las últimas páginas de este libro, en la sección **DESAFÍO FINAL**, encontrarás un juego gratis!

¡Rápido y sencillo! Echa un vistazo a nuestra colección de libros de actividades para tu próximo momento de diversión y aprendizaje, ¡a sólo un clic de distancia!

Encuentre su próximo reto en:

BestActivityBooks.com/MiProximoLibro

En sus marcas, listos, ¡Ya!

¿Sabías que hay unas 7.000 lenguas diferentes en el mundo? Las palabras son preciosas.

Nos encantan los idiomas y hemos trabajado duro para crear libros de la más alta calidad para tí. ¿Nuestros ingredientes?

Una selección de temas adecuados para el aprendizaje, tres buenas porciones de entretenimiento, y luego añadimos una cucharada de palabras difíciles y una pizca de palabras raras. Los servimos con cariño y máxima diversión para que puedas resolver los mejores juegos de palabras y te diviertas aprendiendo!

Tu opinión es esencial. Puedes participar activamente en el éxito de este libro dejándonos un comentario. Nos encantaría saber qué es lo que más le ha gustado de esta edición.

Aquí hay un enlace rápido a tu página de pedidos:

BestBooksActivity.com/Opiniones50

Gracias por tu ayuda y diviértete!

Todo el equipo

1 - Ajedrez

ト	グ	学	ぶ	た	め	に	真	グ	イ	プ	活	ジ	ラ
ー	グ	み	撮	猟	戦	ャ	活	ク	ラ	画	品	キ	真
ナ	絵	編	ク	チ	略	み	ャ	陶	み	ブ	ラ	ッ	ク
メ	ダ	猟	シ	ャ	釣	魔	編	ゲ	魔	芸	キ	ン	グ
ン	り	活	物	ン	ゲ	猟	陶	影	ハ	画	ン	陶	法
ト	興	読	プ	ピ	釣	ー	女	王	パ	び	撮	エ	ポ
興	撮	撮	レ	オ	写	ム	ム	犠	ゼ	相	手	興	イ
ハ	興	活	ー	ン	釣	陶	リ	牲	撮	ハ	び	絵	ン
絵	法	レ	ヤ	レ	読	プ	り	狩	パ	ッ	シ	ブ	ト
リ	興	キ	ー	ゲ	エ	ハ	猟	ル	ム	パ	読	ハ	ス
レ	絵	物	ゼ	真	釣	園	ハ	ク	対	ダ	白	読	テ
ン	ャ	魔	芸	芸	芸	レ	ジ	魔	猟	角	グ	い	ン
イ	味	イ	ン	ゲ	魔	パ	グ	時	レ	書	味	賢	コ
ル	ー	ル	イ	ャ	活	ン	ジ	間	ズ	ジ	撮	書	興

学ぶために	相手
白い	パッシブ
チャンピオン	ポイント
コンテスト	ルール
対角	女王
戦略	キング
賢い	犠牲
ゲーム	時間
プレーヤー	トーナメント
ブラック	

2 - Agua

シ	び	湖	猟	湿	度	プ	影	モ	興	ー	リ	パ	ム
灌	真	パ	ダ	編	影	興	ハ	ン	み	り	釣	芸	運
エ	漑	エ	読	波	エ	品	グ	ス	ー	キ	猟	気	河
り	陶	狩	味	撮	釣	活	魔	ー	ラ	芸	園	蒸	発
び	ル	ク	魔	エ	味	興	釣	ン	り	喜	洪	狩	り
撮	ラ	ャ	魔	レ	ラ	物	シ	ゼ	読	園	水	ャ	レ
雨	園	写	影	興	猟	喜	レ	芸	書	飲	め	る	ム
り	ダ	釣	ゼ	画	海	氷	喜	ャ	影	絵	ル	川	パ
写	物	画	シ	絵	洋	狩	絵	ハ	書	ハ	書	味	書
動	び	び	ャ	真	び	パ	ゼ	ル	芸	雪	パ	ジ	影
ハ	ゲ	ラ	ワ	ハ	リ	ケ	ー	ン	読	猟	書	プ	写
品	撮	間	ー	画	陶	ャ	び	活	プ	エ	湿	っ	た
シ	編	狩	欠	び	ゲ	シ	品	ル	キ	釣	リ	画	活
絵	ル	ク	リ	泉	グ	陶	霜	真	編	猟	興	び	喜

運河	洪水
シャワー	モンスーン
蒸発	海洋
間欠泉	飲める
湿度	灌漑
ハリケーン	蒸気
湿った	

3 - Arqueología

狩	読	ム	プ	チ	編	リ	園	撮	び	ム	み	画	エ
忘	れ	ら	れ	た	ー	絵	ク	釣	レ	ハ	時	グ	猟
写	狩	ン	ク	影	ダ	ム	編	化	喜	写	代	ル	陶
陶	画	撮	ラ	物	狩	ジ	画	ハ	石	編	ル	真	ダ
影	写	シ	グ	喜	ャ	シ	書	エ	ゲ	ム	活	喜	ハ
ム	教	ゲ	ハ	オ	ブ	ジ	ェ	ク	ト	ジ	骨	動	ラ
ダ	授	遺	イ	活	イ	写	ハ	ズ	ク	真	ル	リ	ズ
写	ル	物	品	キ	不	明	文	ク	グ	ゼ	法	魔	ダ
ラ	ム	陶	器	ハ	ラ	喜	子	キ	グ	園	ゼ	分	析
専	門	家	リ	パ	喜	活	孫	ム	画	び	み	評	ハ
シ	釣	品	ゲ	園	墓	味	ミ	ス	テ	リ	ー	価	ゲ
書	品	り	ー	芸	ジ	研	究	者	ハ	ー	ゼ	猟	法
動	影	魔	び	真	年	ー	ル	ゼ	活	書	ル	ズ	園
芸	写	ジ	ハ	ー	寺	動	法	ゼ	読	魔	ル	ズ	ク

分析	専門家
陶器	化石
文明	研究者
子孫	ミステリー
不明	オブジェクト
チーム	忘れられた
時代	教授
評価	遺物

4 - Granja #2

グ	法	絵	物	ズ	猟	ム	猟	ャ	キ	リ	法	ジ	絵
キ	灌	キ	物	絵	喜	リ	動	狩	オ	レ	ー	シ	み
み	漑	真	喜	品	狩	小	み	物	ー	ル	園	ャ	ャ
写	写	グ	物	び	猟	麦	イ	ム	チ	ー	動	写	ジ
陶	園	羊	プ	撮	イ	ク	び	ジ	ャ	絵	ゲ	イ	コ
動	り	飼	撮	物	釣	法	編	キ	ー	釣	編	ジ	ー
ム	ム	い	オ	オ	ム	ギ	り	ン	ド	ク	興	活	ン
ダ	ゼ	ダ	パ	ラ	レ	イ	ン	写	陶	読	牧	レ	猟
ハ	ハ	釣	シ	釣	シ	ャ	読	芸	真	パ	ク	狩	草	ャ
み	動	撮	狩	ー	ゼ	ゲ	レ	猟	ゲ	蜂	子	品	地
食	べ	物	品	野	マ	納	屋	ー	芸	の	羊	芸	品
フ	ル	ー	ツ	菜	ト	ラ	ク	タ	ー	巣	ミ	ル	ク
リ	ヒ	ハ	エ	画	ャ	ダ	ラ	ャ	パ	農	家	書
ジ	ア	ル	味	芸	グ	園	読	キ	園	ー	グ	び	読

農家　　　　　　　　　　　ラマ
動物　　　　　　　　　　　コーン
オオムギ　　　　　　　　　羊飼い
蜂の巣　　　　　　　　　　アヒル
食べ物　　　　　　　　　　牧草地
子羊　　　　　　　　　　　灌漑
フルーツ　　　　　　　　　トラクター
納屋　　　　　　　　　　　小麦
オーチャード　　　　　　　野菜
ミルク

5 - La Empresa

```
リ 芸 ロ プ 味 ラ 撮 ャ ビ シ レ 写 釣 ゼ
猟 猟 パ ム レ ハ ー 物 ジ 品 質 レ シ 法
決 定 ラ 興 活 ゼ 活 園 ネ ル 書 釣 ダ 狩
ズ 味 動 ズ ム び ン 味 ス ー ソ リ ダ 釣
陶 動 活 物 動 り 収 テ 革 書 グ 書 雇 用
業 界 ゲ 法 猟 レ 魔 益 ー 新 パ 絵 味 クン
リ 園 品 ー 進 り 興 ズ 芸 シ 的 ク イ クン
活 レ ズ ー 捗 ゲ ン ジ ラ リ ョ 投 ク ン 読
製 品 猟 魔 ゼ ク レ ク グ ル 品 ン 資 読
画 り 物 ズ グ ャ 喜 ト レ ン ド 真 リ みみ
写 読 ク 味 ロ 可 釣 書 真 び プ 釣 ス みみ
シ 動 単 位 ー 能 ブ ィ テ イ エ リ ク 真
編 ズ 書 レ バ 性 ー ー 書 ル 読 ン シ ン
ゲ り 釣 味 ル シ り ル ハ ダ ン 評 判 陶
```

品質	可能性
クリエイティブ	プレゼンテーション
決定	製品
雇用	プロ
グローバル	進捗
業界	リソース
収益	評判
革新的	リスク
投資	トレンド
ビジネス	単位

6 - Mueble

パ	レ	物	狩	品	画	び	パ	掛	ハ	グ	影	ー	ン
園	釣	喜	リ	喜	ハ	喜	書	け	ハ	ン	鏡	真	画
り	布	び	味	ゼ	法	レ	び	布	ゲ	撮	モ	釣	ゼ
ー	団	読	撮	喜	グ	エ	活	団	ル	ン	真	ッ	ジ
枕	猟	猟	べ	み	絵	机	ソ	ファ	活	撮	園	ク
狩	狩	ク	ン	ク	ン	ベ	ッ	ド	書	グ	魔	画	写
エ	棚	戸	チ	ッ	グ	ラ	グ	猟	狩	ジ	パ	園	ラ
リ	読	品	活	シ	ア	ー	ム	チ	ェ	ア	本	棚	ン
カ	ー	テ	ン	ョ	陶	サ	魔	読	み	法	ラ	画	プ
ム	キ	猟	ク	ン	物	ッ	ャ	リ	ゲ	パ	活	シ	ゼ
マ	ッ	ト	レ	ス	興	レ	エ	興	パ	魔	法	釣
椅	活	法	ャ	ジ	影	ド	び	撮	グ	び	み	狩	猟
ラ	子	レ	グ	魔	シ	ダ	画	園	編	り	ゼ	園	写
書	真	パ	み	芸	ャ	リ	活	絵	画	写	ゼ	ル	品

ラグ	掛け布団
戸棚	本棚
ベンチ	布団
ベッド	ハンモック
クッション	ランプ
マットレス	椅子
カーテン	アームチェア
ドレッサー	ソファ

7 - Aviones

一	撮	り	ハ	み	活	ム	活	キ	ー	パ	ム	り	歴
リ	り	リ	読	芸	ラ	イ	ダ	乱	流	み	り	ハ	史
ー	ム	品	陶	真	ル	ム	魔	興	撮	キ	画	画	読
品	写	書	動	ラ	法	猟	ゼ	プ	ゲ	ジ	イ	味	ズ
絵	エ	ン	ジ	ン	燃	写	高	釣	び	猟	読	旅	客
パ	イ	ロ	ッ	ト	ャ	料	さ	建	設	品	パ	シ	り
品	ゼ	ダ	読	物	読	魔	シ	活	ラ	方	シ	味	品
高	ジ	水	素	絵	ラ	ム	グ	ル	編	向	り	冒	険
度	園	編	ラ	喜	興	シ	ダ	喜	パ	活	読	画	真
バ	影	空	法	グ	プ	プ	物	イ	ゼ	工	味	読	狩
ル	ダ	気	囲	雰	ャ	ロ	ダ	び	リ	写	ラ	読	写
ー	活	設	計	び	興	グ	ペ	プ	ャ	絵	ラ	画	エ
ン	ル	リ	ー	び	猟	ズ	着	ラ	プ	写	ハ	猟	猟
編	プ	ク	ル	魔	編	物	陸	ハ	動	イ	ル	プ	ャ

空気
高度
高さ
着陸
雰囲気
冒険
燃料
建設
方向
設計

バルーン
プロペラ
水素
歴史
エンジン
旅客
パイロット
クルー
乱流

8 - Tipos de Cabello

```
ジ 画 影 イ ゲ 薄 シ カ ー リ ー ソ 銀 読
品 ゲ 猟 物 び い エ ャ 短 い レ み フ キ
ゲ キ み び 影 ル 画 シ イ 写 グ 芸 ラ ト
猟 み 読 動 書 み ン ジ 頭 ニ 魔 ゼ シ ム
ハ 味 芸 ズ 真 喜 絵 皮 画 一 釣 書 ジ
レ 物 み ダ プ グ ム ク 魔 ド 猟 ズ ム り
白 い 元 気 釣 み 動 真 ク ッ ラ ブ レ カ
リ ャ ン ブ 写 陶 ゲ 魔 活 茶 ズ イ 味 ー
リ 味 釣 ロ 品 法 り 猟 ム 色 有 ゼ 読 ル
味 ム 法 ン グ 真 リ 法 喜 物 物 品 影 リ
プ ム パ ド 味 ル イ シ ジ ン イ ズ キ 陶
品 絵 厚 い 真 ゼ パ 品 動 パ ャ 物 狩 パ
ク 品 絵 パ 猟 み 編 つ 三 り ゲ 芸 物 芸
ズ び 喜 レ リ 撮 組 り イ ラ 喜 ダ レ 禿
```

白い	ブラック
シャイニー	カーリー
頭皮	カール
有色	ブロンド
短い	元気
薄い	ドライ
グレー	ソフト
厚い	編組
茶色	三つ編み

9 - Ciencia Ficción

```
シ 活 グ 釣 ム 品 芸 猟 世 界 ー ン 芸 画
ネ エ イ 魔 ゲ 写 ズ 芸 魔 プ ジ 書 ジ ム
マ 惑 オ ラ ク ル 編 ダ イ 撮 ジ ク 園 園
興 星 ア ト ミ ッ ク パ リ 銀 河 ゼ 品 技
興 ユ ー ト ピ ア 画 キ ュ ー 書 イ 編 術
喜 キ ジ 狩 魔 撮 写 ル ー 火 活 り 味 プ
ゼ プ 絵 リ ズ ゼ イ ロ ジ ル 園 写 影 ダ
ー イ イ ズ 活 び ン ボ ョ ル 神 秘 的 な
真 画 ャ 陶 み 影 シ ン ン 遠 レ ゼ 来 現
書 ン ム ン 爆 ク ャ ッ い ン パ 書 未 実
撮 品 シ ン 興 発 真 ト 活 ン 園 ゼ 籍 的
虚 ダ ナ ー ル ズ 物 芸 釣 園 書 プ 陶 工
影 数 リ ハ イ ク ズ 品 品 喜 書 ゼ ハ 動
釣 ジ オ 素 晴 ら し い 活 画 シ ジ リ グ
```

アトミック　　　　　書籍
シネマ　　　　　　　神秘的な
遠い　　　　　　　　世界
シナリオ　　　　　　オラクル
爆発　　　　　　　　惑星
素晴らしい　　　　　現実的
未来的　　　　　　　ロボット
銀河　　　　　　　　技術
イリュージョン　　　ユートピア
虚数

10 - Granja #1

ダ	米	グ	ー	ゼ	園	猟	画	喜	ー	カ	ゲ	ダ	グ
フ	猫	園	ズ	釣	画	ジ	真	狩	び	ラ	イ	ヘ	ー
ル	ィ	ゲ	農	種	子	チ	キ	ン	影	ス	蜂	イ	活
芸	喜	ー	業	活	書	陶	撮	品	リ	び	蜜	レ	り
影	パ	品	ル	エ	活	イ	ふ	ゲ	絵	園	猟	芸	品
り	ム	リ	魔	ド	ク	び	く	読	ハ	活	シ	園	り
書	ヤ	肥	料	喜	イ	エ	ら	興	キ	狩	動	画	ハ
パ	ギ	書	シ	法	ハ	牛	は	書	物	狩	馬	絵	園
み	活	レ	真	み	品	プ	ぎ	シ	陶	リ	エ	バ	釣
み	狩	書	グ	シ	ゼ	陶	エ	ー	動	陶	味	書	み
フ	動	ハ	ゲ	ハ	ク	ズ	ム	ズ	釣	土	書	地	ゲ
ェ	ャ	読	ク	ム	び	り	ン	編	プ	釣	猟	犬	ー
ン	園	エ	書	イ	興	キ	味	読	ン	パ	活	エ	真
ス	書	撮	ラ	ゲ	リ	写	ジ	水	魔	リ	芸	プ	芸

農業	蜂蜜
ロバ	チキン
ヤギ	種子
フィールド	ふくらはぎ
カラス	土地
肥料	フェンス
ヘイ	

11 - Camping

味	ハ	ー	イ	エ	動	読	釣	シ	画	味	猟	キ	写
影	り	ス	画	グ	物	絵	真	ジ	書	陶	ゲ	釣	園
編	物	パ	釣	ル	品	味	ー	ラ	活	ジ	活	活	イ
ク	テ	ン	活	プ	ク	ッ	モ	ン	ハ	昆	プ	パ
ハ	写	コ	木	園	シ	編	キ	ハ	ビ	タ	虫	ダ	喜
ダ	園	り	ハ	園	ン	火	キ	キャ	冒	ン	絵	ー
ゼ	ム	味	活	陶	キ	ン	影	釣	キ	険	釣	り	法
ジ	味	ン	自	撮	ジ	書	芸	活	味	ル	絵	ハ	り
ク	写	ダ	然	法	書	園	リ	ム	影	プ	猟	読	地
狩	写	グ	湖	品	イ	り	プ	ラ	味	物	影	喜	図
猟	山	ゲ	魔	味	陶	書	法	ズ	陶	画	プ	真	芸
ー	読	陶	園	読	園	り	ズ	ハ	魔	ル	読	法	ク
レ	品	撮	帽	真	読	真	ダ	森	月	リ	書	活	イ
カ	ヌ	ー	子	ロ	ー	プ	シ	活	写	リ	ク	喜	喜

動物　　　　　　　　　　ロープ
冒険　　　　　　　　　　ハンモック
コンパス　　　　　　　　昆虫
キャビン　　　　　　　　ランタン
カヌー　　　　　　　　　地図
テント　　　　　　　　　自然
狩猟　　　　　　　　　　帽子

12 - Fruta

ア	ラ	プ	キ	み	法	釣	り	パ	リ	プ	ラ	園	動
ア	プ	味	ア	ッ	プ	ル	ヤ	イ	パ	パ	ズ	味	書
活	ボ	リ	ン	画	グ	ズ	ゼ	ナ	ナ	バ	ベ	活	梨
桃	ン	カ	コ	み	園	エ	味	ッ	写	ー	リ	画	プ
ー	モ	影	ド	ッ	園	味	エ	プ	シ	キ	ー	陶	イ
オ	レ	ン	ジ	ジ	ト	味	品	ル	レ	び	リ	グ	編
書	マ	絵	陶	写	エ	コ	園	興	ー	り	ェ	ア	び
キ	ン	リ	タ	ク	ネ	コ	ハ	撮	ル	キ	チ	バ	ラ
リ	ゴ	ベ	リ	ー	魔	ナ	び	喜	ジ	法	活	ー	絵
ラ	ー	ラ	グ	法	ー	ッ	び	イ	真	ル	釣	ズ	物
法	味	撮	ル	狩	ャ	ツ	写	プ	パ	ゲ	グ	園	絵
レ	レ	葡	影	動	書	グ	絵	び	キ	ウ	イ	メ	動
シ	イ	萄	ダ	画	ラ	活	魔	絵	読	ジ	品	ロ	園
り	プ	ャ	書	エ	レ	り	ダ	ズ	魔	画	読	ン	ゼ

アボカド	マンゴー
アプリコット	アップル
ベリー	メロン
チェリー	オレンジ
ココナッツ	ネクタリン
ラズベリー	パパイヤ
グアバ	パイナップル
キウイ	バナナ
レモン	葡萄

13 - Geología

```
品 動 火 園 絵 ジ パ み 化 結 晶 イ キ エ
動 ハ 山 エ 喜 動 ン 筍 石 乳 鍾 ル コ ー
プ 石 動 ズ ン 書 喜 ル エ グ 釣 キ 塩 ラ
芸 英 芸 動 レ 大 陸 間 キ 活 画 ゲ 撮 ル
ダ ャ 活 シ レ リ 影 欠 ゼ ル り 書 物 レ
園 ム ゃ ゼ エ プ プ 泉 レ 溶 喜 酸 イ 絵
釣 ム 読 活 ゼ パ プ 洞 り ン 岩 写 一 喜
キ 動 ジ 編 ゼ 活 ル り 窟 高 ラ ム 味 レ
ミ カ ル シ ウ ム 喜 石 ク 原 層 侵 食 芸
ネ ル 書 レ 撮 ク 喜 興 真 ル 画 書 影 リ
ラ 影 ゼ パ ズ キ 画 動 ク レ レ 陶 レ 園
ル プ 魔 書 ル プ ダ 動 シ グ 園 編 ク 園
読 物 地 震 り 撮 ズ ン シ 写 み ら み 法
真 プ ラ 魔 り ゲ 狩 芸 動 絵 ズ び ゼ 物
```

カルシウム	石筍
洞窟	化石
大陸	間欠泉
コーラル	溶岩
結晶	高原
石英	ミネラル
侵食	地震
鍾乳石	火山

14 - Álgebra

陶	興	ラ	イ	真	指	ダ	法	量	興	一	因	物	動
写	減	影	品	陶	数	変	写	キ	ズ	み	子	編	興
式	算	ハ	一	影	偽	ャ	真	書	び	括	陶	影	園
り	程	物	ル	書	み	ク	ム	グ	ャ	び	弧	プ	芸
問	題	方	ル	ク	編	活	ハ	書	番	号	編	線	分
ダ	ハ	撮	ル	グ	撮	芸	品	ム	ゼ	ゲ	無	形	数
パ	ム	レ	解	決	エ	撮	芸	書	釣	ジ	限	真	画
ジ	興	写	園	シ	猟	喜	物	真	味	読	ジ	み	ゼ
グ	ラ	フ	物	画	魔	エ	園	喜	活	グ	撮	ク	影
レ	画	ダ	ゼ	ロ	ム	ン	プ	り	喜	み	喜	グ	芸
ル	編	画	ハ	び	釣	び	ラ	撮	キ	エ	品	興	り
プ	単	シ	リ	画	一	真	撮	図	魔	絵	喜	物	品
魔	純	ハ	レ	パ	活	品	り	編	撮	絵	写	園	ダ
ク	化	ラ	動	活	み	編	動	マ	ト	リ	ッ	ク	ス

ゼロ マトリックス
方程式 番号
指数 括弧
因子 問題
分数 減算
グラフ 単純化
無限 解決
線形 変数

15 - Plantas

葉	影	影	味	読	ラ	ジ	品	リ	リ	プ	味	ダ	品
興	活	画	グ	び	び	絵	真	狩	ゼ	ブ	動	パ	活
興	ャ	読	興	影	木	生	植	真	狩	ッ	工	物	法
猟	ラ	パ	活	陶	ズ	工	物	ャ	編	シ	狩	真	魔
プ	絵	画	影	ム	イ	写	学	庭	ゲ	ュ	影	興	キ
ラ	陶	プ	動	狩	ム	影	喜	動	リ	ム	シ	り	ゼ
び	み	読	釣	書	編	園	釣	ズ	根	ラ	シ	草	び
ゼ	園	活	猟	シ	ル	森	ゼ	書	読	ル	活	び	真
写	撮	法	写	画	影	狩	豆	園	喜	物	読	び	ベ
キ	ル	フ	ク	絵	サ	絵	花	釣	芸	び	法	園	リ
ハ	喜	物	ロ	写	味	ボ	弁	シ	ハ	プ	太	陽	ー
肥	料	リ	編	ー	ャ	み	テ	品	影	撮	レ	芸	品
蔦	喜	イ	ダ	パ	ラ	プ	絵	ン	竹	品	活	動	シ
ダ	ジ	ズ	活	苔	ン	ー	ム	ル	芸	ゼ	釣	品	ゼ

ブッシュ   フローラ
ベリー   花弁
植物学   太陽
サボテン   植生
肥料

16 - Suministros de Arte

```
書 読 活 エ ゼ プ 読 プ 品 芸 び び 一 喜
塗 狩 ジ パ 読 活 り 味 カ メ ラ り 品 写
料 グ 陶 イ プ 油 陶 プ 編 芸 影 し ム 紙
ラ 陶 ジ 園 写 絵 り 釣 ブ 消 興 書 み 品
猟 ク 絵 び ハ ダ 魔 ラ ゲ 法 絵 キ 魔 画
ゲ リ ル 写 喜 ク 色 シ 法 ゼ シ り 興 シ
興 興 ダ 編 り 椅 法 ダ 活 リ グ パ 興 魔
写 リ ル 読 水 子 び ラ リ レ 書 撮 画 編
活 テ 読 一 品 物 び リ 品 ン ャ 動 キ プ
動 パ 一 画 ジ 画 ン 魔 ハ 法 鉛 編 ダ 撮
ズ 撮 編 ブ イ ン ク り シ 水 筆 創 の り
ア イ デ ア ル テ ス パ 粘 彩 釣 造 び 性
ゼ り 撮 読 パ 狩 イ ム 土 画 動 び グ 品
イ 一 ゼ ル リ ク ア パ 影 画 び 猟 ゲ ゲ
```

アクリル	アイデア
水彩画	鉛筆
粘土	テーブル
消しゴム	パステル
イーゼル	のり
カメラ	塗料
ブラシ	椅子
創造性	インク

17 - Negocio

書	ゼ	ー	喜	活	狩	販	撮	リ	み	ダ	ラ	魔	ル
味	金	ゲ	釣	絵	ズ	売	会	社	園	ャ	み	ク	ゲ
品	融	味	シ	商	品	ハ	ダ	撮	芸	パ	ラ	釣	猟
シ	イ	画	レ	プ	割	園	書	ハ	猟	エ	書	活	ゼ
プ	魔	ズ	プ	猟	引	ャ	ラ	法	リ	画	取	陶	り
喜	動	編	通	エ	園	ハ	活	ム	雇	仕	引	ハ	釣
従	業	員	貨	書	レ	ャ	真	ゼ	お	用	事	エ	芸
学	味	オ	フ	ィ	ス	芸	り	味	金	グ	者	り	ジ
済	書	キ	園	予	ル	ゲ	パ	り	撮	み	り	ー	ー
経	園	ダ	店	算	ャ	喜	書	法	レ	ズ	真	グ	キ
歴	真	ン	影	興	イ	み	パ	投	エ	び	み	撮	リ
釣	ー	活	陶	動	レ	ク	芸	資	場	動	喜	ハ	法
び	ラ	狩	ム	ハ	ズ	費	絵	狩	読	絵	活	税	法
喜	み	ー	読	ダ	写	味	用	び	ジ	猟	リ	金	撮

経歴
費用
割引
お金
経済学
従業員
雇用者
会社
工場
金融

税金
投資
商品
通貨
オフィス
予算
仕事
取引
販売

18 - Jardín

シ	ャ	ベ	ル	味	ン	書	り	ゼ	喜	ク	ャ	物	狩
レ	グ	ズ	読	土	エ	ゲ	フ	ェ	ン	ス	ダ	味	グ
ル	動	魔	ュ	ジ	パ	リ	ハ	池	リ	読	パ	ム	ャ
シ	園	ラ	シ	ル	レ	品	ズ	読	キ	イ	グ	ゲ	び
ハ	ン	モ	ッ	ク	絵	パ	イ	ー	ジ	エ	園	編	り
テ	ラ	ス	ブ	ダ	レ	読	興	ト	ャ	園	ジ	ル	ン
シ	品	園	ム	読	読	動	ジ	ラ	ポ	庭	陶	ム	ジ
ダ	狩	喜	り	び	エ	ン	ク	ン	ジ	ー	レ	ガ	ジ
釣	ド	法	ゼ	み	花	ラ	芸	ポ	園	ゼ	チ	ン	プ
興	ー	釣	エ	ー	活	プ	イ	リ	り	ラ	ン	編	り
活	ャ	キ	活	リ	ゃ	草	芝	ン	雑	草	ベ	喜	び
ジ	チ	画	書	釣	法	釣	生	び	レ	ダ	パ	ハ	真
ホ	ー	ス	編	木	キ	味	活	ル	ゲ	キ	ン	影	エ
園	オ	ル	芸	狩	り	熊	手	釣	ジ	ク	魔	読	園

ブッシュ	ホース
ベンチ	シャベル
芝生	ポーチ
ガレージ	熊手
ハンモック	テラス
オーチャード	トランポリン
雑草	フェンス

19 - Países #2

ロ	レ	ラ	ギ	ゼ	び	ポ	ラ	オ	ス	画	ア	撮	ジ
シ	エ	エ	ズ	リ	み	ン	ル	パ	法	ン	イ	シ	ャ
ア	チ	び	ム	編	シ	ン	絵	ト	レ	グ	ル	リ	マ
ス	オ	写	法	法	喜	ャ	撮	影	ガ	パ	ラ	ア	イ
ー	ピ	影	ー	動	読	釣	プ	味	デ	ル	ン	リ	カ
ダ	ア	読	レ	法	芸	レ	画	ラ	ン	釣	ド	ト	ー
ン	タ	ス	キ	パ	キ	撮	画	プ	マ	イ	画	ス	ゲ
ー	ム	活	メ	キ	シ	コ	フ	興	ー	影	リ	ー	ジ
ダ	キ	書	リ	ハ	編	味	品	ラ	ク	み	み	オ	イ
ダ	ル	バ	ニ	ア	リ	影	ル	リ	ン	ス	読	ゲ	ャ
ア	ク	ラ	イ	ナ	ウ	ガ	ン	ダ	ゲ	ス	ジ	動	イ
ウ	ラ	イ	ャ	活	画	み	グ	魔	撮	ク	釣	イ	プ	絵
絵	イ	ャ	活	画	み	グ	魔	撮	ク	釣	イ	プ	絵
影	み	影	パ	ズ	品	陶	編	味	リ	猟	ハ	日	釣
イ	ン	ド	ネ	シ	ア	リ	ラ	ト	ス	ー	オ	本	陶

アルバニア	日本
オーストラリア	ラオス
オーストリア	メキシコ
デンマーク	パキスタン
エチオピア	ポルトガル
フランス	ロシア
ギリシャ	シリア
インドネシア	スーダン
アイルランド	ウクライナ
ジャマイカ	ウガンダ

20 - Tecnología

喜活データレシ絵レンリび喜読
陶ハ統ン品ム魔動興編ハ園みダ
ャ法リ計編シプ狩味狩撮動味リ
ルソーカ絵グシデジタル書ク八
イグ味影一撮画キ書猟ウり撮読
ァンイ猟園ブラウザ芸イ動絵レ
フ画ター ュ ピンコ写ー ル研究メ
ハブフー写絵ャ写狩ラス喜グッ
魔ロイォネぜり写ゲゲカエズセ
品グ品画ンッゼダ画ズメジキー
み編ダ面レトイバゲラり画ジ
仮想リプャソフトウェア絵画ゼ
ジク絵動陶猟狩工絵ズ真興撮興
味ーエ活び猟絵読安全狩物絵り

ファイル	研究
ブログ	メッセージ
バイト	ブラウザ
カメラ	コンピュータ
カーソル	画面
データ	安全
デジタル	ソフトウェア
統計	仮想
フォント	ウイルス
インターネット	

21 - Números

狩 編 シ 動 写 イ エ ラ び ハ 写 猟 ゲ ジ
小 一 味 パ 芸 三 り み ゼ パ リ 釣 イ 味
セ 数 陶 プ プ ャ プ 活 ロ 釣 ー プ ー ャ
ブ 品 ズ ゲ プ 書 ニ 三 ン 猟 び 狩 狩 撮
ン グ 活 ル ン 編 五 十 ニ グ 真 釣 ハ エ
プ 撮 読 ジ セ ブ ン ティ ー ン ゲ プ パ
び イ プ 四 ダ 釣 釣 ゲ ク ズ 品 魔 真 興
猟 ゼ ャ 十 園 ル ン 品 動 味 活 魔 パ ラ
読 ャ プ イ 味 ジ ゼ 魔 活 活 ー み ゼ 撮
九 み 陶 十 絵 ャ ン 物 活 写 陶 絵 編 撮
十 ダ 書 び ゲ イ 六 十 興 園 ゲ 園 グ ズ
狩 八 画 動 撮 ズ 狩 ゼ 撮 ズ ル ー 法 読
パ ラ み 釣 動 エ ラ 狩 書 影 園 ャ び 写
ジ ズ エ 絵 ム り 釣 シ ハ ャ パ ャ 釣 芸

十四　　　　　　　セブンティーン
ゼロ　　　　　　　十二
小数　　　　　　　十五
十九　　　　　　　セブン
十八　　　　　　　十三
十六　　　　　　　二十

22 - Física

```
喜 グ 活 ダ 影 ゲ 絵 び ラ 法 ラ 品 ダ リ
相 対 性 理 論 ー 猟 釣 ゲ エ ン ジ ン 活
周 波 数 エ エ ズ ル 編 密 分 子 粒 ー み
シ 法 質 レ 陶 ム エ 園 度 ラ 磁 狩 真 法
電 子 量 シ 写 ダ ン 魔 速 芸 加 気 ジ ー
ゲ 物 芸 陶 書 写 ク ク ゼ レ リ 速 園 味
ル ダ ャ 活 ダ パ 釣 影 び ガ 釣 興 魔 パ
キ ジ 重 力 喜 ン 物 画 混 グ ス エ 活 ク
ャ 編 画 狩 園 ダ ハ ム 沌 味 ー 芸 ム 味
芸 ャ ハ ー ー レ 味 釣 画 味 化 学 薬 品
ン 法 園 品 式 書 動 グ 陶 ー ズ カ シ ゼ
味 み ハ 読 物 ハ リ ゼ り 絵 画 プ 魔 活
芸 ム リ レ 編 写 ハ 原 子 核 活 ジ 喜 活
活 味 ゲ ユ ニ バ ー サ ル グ 品 パ 味 グ
```

加速	質量
原子	力学
混沌	分子
密度	エンジン
電子	粒子
周波数	化学薬品
ガス	相対性理論
重力	ユニバーサル
磁気	速度

23 - Belleza

化	化	粧	シ	ハ	釣	ダ	び	編	ル	グ	ジ	ン
ャ	粧	撮	グ	ズ	ン	法	ジ	釣	ー	ダ	ダ	ジ	ラ
フ	写	品	撮	キ	絵	鏡	び	マ	ダ	撮	香	狩
ォ	影	製	ロ	ジ	ズ	グ	画	ス	ム	園	り	芸
ト	法	紅	真	プ	物	物	キ	カ	イ	陶	ン
ジ	り	キ	活	リ	ー	味	ム	ラ	オ	興	ダ
ェ	狩	ハ	喜	ス	タ	み	グ	シ	プ	ハ	リ
ニ	サ	ー	法	ク	イ	芸	ラ	イ	リ	エ
ッ	陶	活	ビ	ス	キ	園	ャ	活	ジ	真
ク	写	び	プ	ト	物	リ	は	シ	法	芸	優	雅
グ	レ	猟	編	ン	撮	ス	さ	読	ラ	魔	品
エ	ー	ゼ	レ	ガ	ャ	ト	カ	み	動	喜	ズ	動	興
法	ャ	ゲ	肌	レ	ズ	シ	ー	パ	書	エ	ゼ	猟	真
法	ジ	画	写	エ	味	グ	ル	魅	カ	パ	色	猟	真
	ジ		ャ	プ	み	写	イ	陶	レ	ン	ダ	真	ー

オイル	香り
シャンプー	化粧
化粧品	口紅
優雅	製品
エレガント	カール
魅力	マスカラ
スタイリスト	サービス
フォトジェニック	はさみ

24 - Países #1

エ	一	撮	興	ス	び	シ	ン	ピ	リ	ィ	フ	モ	写
ブ	ラ	ジ	ル	ペ	画	芸	び	プ	マ	ビ	読	ロ	撮
エ	ジ	プ	ト	イ	ベ	ル	ギ	ー	撮	ー	ア	ッ	活
園	ゼ	魔	ス	ン	チ	ン	ゼ	ル	ア	味	リ	コ	釣
釣	ゼ	ハ	活	ラ	ニ	カ	ラ	グ	ア	ズ	タ	狩	画
物	品	芸	絵	リ	ュ	編	編	リ	画	ン	イ	ベ	ハ
ジ	芸	プ	釣	ル	ン	ジ	ラ	写	物	ズ	ゼ	ネ	喜
ャ	シ	ル	キ	読	ム	イ	ン	ド	ー	猟	ク	ズ	び
活	陶	ラ	絵	狩	ク	ダ	ダ	ホ	イ	ゲ	り	エ	レ
動	ム	芸	活	プ	ゲ	ャ	陶	ド	カ	ナ	ダ	ラ	ル
ズ	物	イ	ン	狩	キ	興	法	レ	イ	ム	魔	狩	喜
陶	ク	パ	ナ	マ	エ	ク	ア	ド	ル	ツ	ゲ	ダ	法
ゼ	興	ー	ノ	ル	ウ	ェ	ー	ポ	ー	ラ	ン	ド	狩
絵	味	興	品	編	読	ル	シ	活	ハ	パ	ラ	エ	物

ドイツ	インド
アルゼンチン	イタリア
ベルギー	リビア
ブラジル	マリ
カナダ	モロッコ
エクアドル	ニカラグア
エジプト	ノルウェー
スペイン	パナマ
フィリピン	ポーランド
ホンジュラス	ベネズエラ

25 - Mitología

ク	喜	写	レ	釣	魔	真	天	不	死	レ	魔	物	プ
り	ダ	真	読	一	読	ズ	一	国	ラ	興	魔	ゼ	レ
画	写	戦	ゲ	園	パ	り	シ	陶	法	絵	品	芸	び
文	化	士	猟	陶	ハ	猟	品	魔	写	魔	り	魔	写
イ	活	撮	読	キ	興	キ	ム	稲	び	陶	書	物	ゲ
モ	一	撮	モ	ン	ス	タ	一	妻	信	念	復	讐	ゲ
ゲ	一	ゼ	絵	物	ン	み	撮	み	イ	写	り	興	釣
活	釣	タ	ク	園	リ	ジ	ク	び	作	成	物	ム
ン	芸	ジ	ル	ズ	ビ	ム	絵	物	ン	陶	狩	り
ハ	ヒ	法	法	キ	ラ	エ	画	興	ゲ	品	プ	ゼ	喜
一	一	編	エ	編	興	真	園	ラ	影	災	ク	読	行
味	ロ	伝	説	生	き	物	原	型	嫉	ク	害	強	動
写	一	園	ル	ル	陶	ズ	ム	ズ	妬	写	読	さ	ゲ
真	動	イ	釣	一	シ	エ	ク	エ	パ	味	パ	味	雷

原型	戦士
嫉妬	ヒーロー
天国	不死
行動	ラビリンス
作成	伝説
信念	モンスター
生き物	モータル
文化	稲妻
災害	復讐
強さ	

26 - Ecología

画	影	ャ	陶	ル	ボ	影	ハ	エ	キ	ム	コ	興	喜
イ	法	み	ル	ク	ラ	ン	ク	陶	書	園	ミ	ー	ズ
園	動	び	釣	読	ン	ゲ	グ	ジ	ラ	キ	ュ	真	喜
影	ャ	影	芸	写	テ	芸	ム	ル	旱	イ	二	品	品
生	グ	書	真	絵	ィ	編	プ	読	品	魃	テ	ゲ	狩
ダ	存	マ	植	生	ア	影	ズ	ク	陶	釣	ィ	真	ン
読	ズ	ー	持	動	多	ム	気	リ	影	プ	読	ー	パ
イ	影	シ	続	物	活	様	候	リ	ソ	ー	ス	猟	狩
エ	パ	ュ	可	相	み	園	性	グ	ロ	ー	バ	ル	エ
絵	撮	植	能	興	キ	生	息	地	ル	ハ	ム	ラ	物
種	ゲ	物	書	品	レ	魔	喜	編	ム	パ	ュ	ゲ
芸	魔	喜	エ	り	興	狩	り	ク	影	ジ	動	チ	イ
マ	リ	ン	影	プ	ャ	ム	ハ	喜	味	編	山	ナ	ハ
物	物	自	然	フ	ロ	ー	ラ	狩	魔	パ	書	ハ	画

気候	自然
コミュニティ	マーシュ
多様性	植物
動物相	リソース
フローラ	旱魃
グローバル	持続可能
生息地	生存
マリン	植生
ナチュラル	ボランティア

27 - Casa

```
レ 興 陶 画 り シ 興 釣 ほ パ 園 真 撮 地
真 書 図 ズ 物 エ 狩 編 ド う エ 真 影 下
真 ャ 書 動 編 ム 活 ラ ア ズ き 屋 根 裏
ン 影 館 庭 プ 芸 動 絵 ン 書 屋 書 一 法
ズ プ イ ム み ダ シ 編 床 プ 根 キ ム 画
ャ シ ル 猟 み 画 パ 撮 ャ 絵 影 ル 猟 イ
暖 撮 ャ ジ ジ レ 写 ラ ラ グ パ び 画 キ
炉 ゲ ハ ワ エ ル び 活 ゲ 鏡 フ 絵 工 動
書 絵 魔 ジ ジ レ ガ ム パ 芸 ェ ズ 画 読
窓 ク 法 ゼ 魔 ラ 法 蛇 び 興 ス チ ッ キ
び ハ 動 シ 寝 室 ジ 影 口 ラ 興 ム イ レ
ダ ズ 撮 物 び ャ 真 画 ラ ク イ ー 喜 び
陶 ラ グ 書 写 ハ ゲ 喜 シ ー 芸 壁 陶 編
グ 陶 喜 ズ 読 陶 ゼ イ レ 法 パ 陶 イ ズ
```

ラグ	ガレージ
屋根裏	蛇口
図書館	ランプ
暖炉	ドア
キッチン	地下
寝室	屋根
シャワー	フェンス
ほうき	

28 - Artes Visuales

```
撮 構 傑 作 絵 画 パ ポ ー ト レ ー ト 狩
園 成 ャ シ 釣 ー ダ ハ ル 法 イ 園 ク
活 エ リ 炭 魔 ン ス ク ッ ワ イ ー ゼ ル
読 陶 読 チ 芸 読 ペ リ 編 グ 鉛 建 築 シ
パ 芸 プ ョ 魔 真 ク 書 び 興 筆 ー 品 ン
絵 猟 ム ー ジ 影 テ ル 魔 園 ル 法 イ テ
シ イ ル ク ト ス ィ テ ー ア 陶 み ム ス
プ 品 レ 物 狩 ニ ブ 物 び イ プ ン 喜 芸
撮 魔 読 法 び ワ 粘 編 興 釣 釣 ム 動 編
味 キ 読 ズ ジ 撮 土 グ 味 エ み 画 り 撮
法 ダ 読 み 品 絵 彫 影 映 ズ シ 陶 動 み
レ 創 ジ ー 法 釣 刻 ン 写 画 影 芸 キ キ
ハ 造 絵 ク び ム ズ り 真 ク ダ リ レ 読
エ 性 ゲ レ 撮 ャ 写 釣 画 釣 リ ル ゲ 活
```

粘土	鉛筆
建築	傑作
アーティスト	映画
ワニス	パースペクティブ
イーゼル	絵画
ワックス	ステンシル
構成	ペン
創造性	ポートレート
彫刻	チョーク
写真	

影 動 喜 影 感 写 ダ 活 動 ン 解 味 遺 食
ダ 芸 ジ 猟 グ 染 グ 狩 喜 グ 剖 ラ 伝 欲
撮 ゲ 園 編 り 影 グ イ 喜 編 学 狩 学 釣
グ 血 興 興 撮 猟 ム シ 興 ス 園 ズ 書 ャ
動 ジ 魔 読 影 園 カ ロ リ ー ト 絵 ゼ エ
魔 法 猟 法 釣 興 リ ク レ ギ グ レ 物 キ
リ 書 プ ク 衛 編 ン 物 ル 喜 物 ス 元
ビ タ ミ ン 読 喜 ハ 興 ネ 写 芸 園 気
消 化 法 イ ル ジ 病 猟 ン エ 魔 ズ 動 病
ン ア レ ル ギ ー 院 エ 読 ゲ 重 さ ダ 味
喜 ジ ム 回 活 サ ン 写 味 書 グ レ イ レ
狩 ハ キ 復 影 ッ キ ー 喜 影 喜 レ エ リ
ズ 画 ジ パ 釣 マ 釣 ラ イ ジ 品 グ ッ 釣
栄 養 喜 釣 キ り 園 ゼ 法 猟 ハ パ ト り

アレルギー　　　　　　衛生
解剖学　　　　　　　　病院
食欲　　　　　　　　　感染
カロリー　　　　　　　マッサージ
ダイエット　　　　　　栄養
消化　　　　　　　　　重さ
エネルギー　　　　　　回復
病気　　　　　　　　　元気
ストレス　　　　　　　ビタミン
遺伝学

30 - Selva Tropical

レ貴グ動法ャび動影絵興写エ芸
写重ン絵真ャ動真ゲプ保存ズク
避難ジズ釣ハゼーキ編シ画ダ
味猟法びムジ苔法尊敬書キリり
多様性ル絵ャキ復レプム活猟ハ
ャ動ダ編法写絵元芸法法書動ル
芸釣狩自然ダ園種写興リ書画物
ハ真ゼ両存植物ラ影ラエシダパ
狩イイ釣生写書ク影ジイ釣園ズ
喜リ喜芸読類乳哺クャりゼ猟芸
虫ム法陶リ雲写真園ン先住民族
コミュニティ画猟画グびキ気候真
ズ活リ絵鳥び味芸興ルハ品候物
リャ芸ジャ品リシム釣ャ喜芸喜

両生類	保存
植物	避難
気候	尊敬
コミュニティ	復元
多様性	ジャングル
先住民族	生存
哺乳類	貴重
自然	

31 - Colores

イ	タ	釣	レ	書	法	園	イ	読	ム	ー	ン	魔	パ
グ	ン	緑	ジ	ー	編	芸	動	園	エ	喜	園	レ	釣
真	ゼ	ジ	ン	レ	赤	猟	真	ジ	喜	編	レ	ン	フ
ク	マ	ク	ゴ	グ	プ	ズ	レ	ム	ャ	茶	活	バ	ク
ャ	グ	シ	絵	物	喜	ゲ	ー	陶	青	ン	色	イ	シ
興	編	ン	ャ	絵	味	パ	写	ゲ	エ	品	法	オ	ア
パ	ン	パ	グ	プ	法	真	ハ	動	芸	ン	黄	レ	動
ゲ	リ	み	写	動	興	イ	プ	ジ	味	ゲ	色	ッ	セ
ゼ	ゼ	書	ブ	ラ	ッ	ク	ゲ	ジ	動	読	キ	ト	ピ
ベ	ー	ジ	ュ	読	パ	ン	イ	白	イ	陶	ズ	り	ア
紺	碧	絵	絵	ジ	真	ピ	ャ	い	ゲ	狩	ャ	影	真
ラ	陶	画	パ	撮	ャ	キ	ー	喜	ズ	釣	ダ	ー	陶
園	陶	ク	リ	ム	ゾ	ン	ア	シ	プ	品	品	書	味
イ	ル	真	紫	パ	影	味	読	イ	ゼ	物	書	芸	レ

黄色	インジゴ
紺碧	マゼンタ
ベージュ	茶色
白い	オレンジ
クリムゾン	ブラック
シアン	ピンク
フクシア	セピア
グレー	バイオレット

32 - Adjetivos #1

```
画 レ エ 絶 対 真 キ シ 芳 ハ 編 明 る い
野 心 的 法 陶 物 レ パ 香 イ 釣 プ 猟 暗
法 キ ジ 魅 力 的 貴 重 族 猟 遅 書 画 パ
書 狩 ラ ル エ り 猟 エ 深 ハ 刻 い き 大
ゲ 読 書 ダ シ ゲ 読 パ キ 読 陶 芸 ラ 影
ク 動 画 猟 法 ク 若 い 物 ゾ 陶 プ 画 要
モ 喜 書 ア ー び ジ 釣 編 ー チ ル 画 重
ダ 巨 大 な ク 芸 釣 ラ 編 キ ル ッ 芸 い
ン 撮 シ 大 真 テ ゲ 喜 み キ ラ イ ク 釣
イ み ー 寛 書 釣 ィ 真 ラ プ ゲ 書 味 り
み 園 び 影 興 ジ 写 ブ エ 完 全 ハ 影
び び 読 ル 魔 ゼ 園 釣 ン 品 活 喜 活
影 読 み 活 ハ 撮 ク 絵 猟 画 ー 編 動 ャ
狩 シ ー ン 活 喜 編 ン ハ ル ゲ 正 直 陶
```

絶対
アクティブ
野心的
芳香族
魅力的
明るい
巨大な
エキゾチック
寛大な
大きい

正直
重要
若い
遅い
モダン
暗い
完全
重い
深刻
貴重

33 - Familia

編	グ	娘	ハ	物	り	撮	イ	ゲ	子	供	釣	物	ル
魔	品	グ	猟	り	シ	キ	影	ゼ	魔	兄	レ	興	ズ
お	ば	あ	ち	ゃ	ん	ジ	ム	み	ム	弟	ン	み	喜
ク	読	釣	甥	父	活	ラ	孫	ゲ	ル	プ	グ	真	グ
読	活	真	味	叔	狩	ゼ	リ	パ	興	い	と	こ	夫
ゲ	エ	パ	狩	ラ	姪	影	み	ク	ラ	ダ	キ	画	撮
影	読	撮	リ	グ	編	ゼ	園	リ	味	釣	ム	こ	猟
陶	プ	書	み	姉	狩	子	釣	キ	性	猟	び	ゃ	ズ
キ	妻	エ	影	妹	読	芸	供	叔	母	キ	絵	ン	芸
グ	パ	撮	味	真	ハ	パ	プ	達	ハ	絵	み	ャ	グ
子	ゲ	ハ	動	絵	魔	ラ	画	ゲ	ン	画	ン	ゲ	品
ム	供	ダ	興	先	祖	影	猟	ジ	ー	み	ダ	ズ	ム
イ	パ	の	動	狩	リ	父	ャ	芸	編	影	び	ム	ム
動	陶	園	頃	キ	ャ	興	リ	真	ャ	ハ	み	動	ジ

おばあちゃん　　　　　母性
祖父　　　　　　　　　子供
祖先　　　　　　　　　子供達
姉妹　　　　　　　　　いとこ
兄弟　　　　　　　　　叔母
子供の頃　　　　　　　叔父

34 - Disciplinas Científicas

```
解 生 免 疫 学 エ 熱 園 ゲ 考 植 法 ハ 魔
剖 撮 理 味 物 ジ カ ム 心 古 物 り ゲ 法
学 経 神 狩 鉱 狩 学 パ 理 学 学 レ 興 ジ
力 陶 リ 狩 ン イ ダ イ 学 態 生 ー 魔 魔
書 ゼ 絵 園 狩 興 動 ー 絵 狩 物 園 芸 ジ
ハ 猟 品 り 猟 ン グ エ み グ 学 化 生 リ
り 物 撮 り 書 イ ゼ 動 物 学 り 芸 ル 画
ム 魔 ラ 言 品 ラ ハ 味 リ キ ダ ク ゲ キ
法 化 ダ 語 リ ラ シ 社 ー 狩 園 真 撮 ャ
読 撮 学 真 狩 シ 会 狩 ャ ゼ 地 真 写 ゲ
ン 物 ム 象 芸 ズ 学 画 ジ ダ 質 写 ゲ
シ 写 絵 画 気 味 動 ャ パ 狩 り 学 法 読
ル ゲ ダ 画 ャ 画 ジ 芸 ク ジ ー 天 文 学
み 法 物 写 ン 味 影 影 編 キ 撮 法 キ ャ
```

解剖学	言語学
考古学	力学
天文学	気象学
生物学	鉱物学
生化学	神経学
植物学	心理学
生態学	化学
生理	社会学
地質学	熱力学
免疫学	動物学

35 - Cocina

```
キ り ス 瓶 活 編 魔 ハ プ ダ レ 読 ス 書
み 園 ル パ 写 読 猟 庫 び ズ 動 プ ー イ
り ズ シ リ 物 り 興 凍 狩 編 シ ン 品 ン
リ ダ 品 読 イ ス 撮 冷 蔵 庫 魔 キ ー み
ム 絵 喜 編 み ズ 品 蔵 ク パ み プ ン 釣
食 べ 物 グ 書 喜 ゼ 冷 ボ ウ ル ト ダ ム
ス ポ ン リ フ 法 ズ 品 真 陶 キ ナ 釣 ラ
画 ー ロ ル ォ 画 パ 芸 魔 キ ケ ダ グ 興
ャ 法 プ 猟 ー 味 物 ー ナ イ フ 釣 魔 芸
写 写 キ 法 ク 動 影 品 品 箸 真 グ 絵 ダ
オ 書 エ 水 写 絵 読 レ 芸 レ 法 魔 シ ャ
ー 味 喜 ム 差 読 エ 猟 ボ レ レ 絵 ル 猟
ブ 魔 ゲ ダ し プ ン カ ウ パ シ レ パ ピ
ン 陶 狩 物 り ン ク 物 ラ ゲ 魔 魔 法
```

ケトル   水差し
食べ物   グリル
冷凍庫   レシピ
スプーン   冷蔵庫
ナイフ   ナプキン
エプロン   カップ
スパイス   ボウル
スポンジ   フォーク
オーブン

36 - Moda

リ	シ	グ	み	エ	レ	書	オ	リ	ジ	ナ	ル	書	衣
猟	ゼ	キ	ハ	生	影	実	用	的	パ	魔	ダ	ラ	類
品	プ	狩	み	地	影	り	写	活	洗	ャ	ラ	レ	読
ン	ー	興	イ	パ	グ	興	狩	シ	練	チ	喜	び	測
手	頃	な	価	格	タ	シ	ー	芸	さ	ス	イ	園	定
刺	繍	園	味	ー	ャ	ー	ー	写	れ	ク	タ	プ	ル
喜	物	ー	ハ	芸	リ	み	ン	編	た	テ	シ	イ	ゼ
活	パ	陶	編	法	エ	芸	ダ	釣	園	園	イ	レ	ル
ブ	陶	ボ	タ	ン	レ	ラ	モ	影	釣	陶	園	ー	書
品	テ	画	ル	グ	ガ	品	高	価	な	ク	猟	ス	写
ズ	書	ィ	ャ	り	ン	ゲ	シ	釣	活	ム	芸	ト	レ
グ	ル	ズ	ッ	エ	ト	ス	リ	釣	活	ミ	喜	レ	ラ
ー	写	真	ズ	ク	喜	ャ	釣	影	活	ム	ズ	ン	ム
撮	パ	ル	絵	び	び	グ	ダ	ン	ャ	品	ズ	ド	リ

手頃な価格	モダン
刺繍	オリジナル
ボタン	パターン
ブティック	実用的
高価な	衣類
エレガント	洗練された
レース	生地
スタイル	トレンド
測定	テクスチャ
ミニマリスト	

37 - Electricidad

オ	ル	ゼ	写	喜	味	ゲ	ソ	影	ジ	陶	ゼ	画	書
リ	ブ	喜	猟	イ	法	エ	活	ケ	書	読	真	プ	写
動	ケ	ジ	ス	ト	レ	ー	ジ	ク	ッ	味	エ	レ	ム
園	ー	撮	ェ	園	猟	画	写	絵	園	ト	興	興	活
ャ	ブ	ル	園	ク	量	画	ワ	イ	ゲ	ダ	撮	シ	絵
陶	ル	活	ラ	釣	ト	陶	イ	読	活	撮	編	び	ジ
活	影	ジ	リ	編	興	プ	ヤ	撮	撮	釣	写	み	読
パ	レ	ズ	撮	活	ジ	絵	り	イ	ム	写	シ	撮	狩
発	エ	ー	物	パ	正	通	信	網	法	魔	ラ	絵	イ
生	キ	ン	ザ	影	影	書	パ	プ	ゼ	磁	負	興	ハ
器	狩	猟	ャ	ー	猟	釣	ラ	ン	プ	石	テ	レ	ビ
芸	活	陶	ル	編	エ	電	池	絵	電	ャ	ム	エ	ン
電	り	物	リ	電	プ	法	撮	ル	球	猟	影	撮	ク
話	グ	師	技	気	電	写	パ	品	狩	ル	り	び	釣

ストレージ　　　　　発生器
電池　　　　　　　　磁石
電球　　　　　　　　ランプ
ケーブル　　　　　　レーザー
ワイヤ　　　　　　　オブジェクト
電気技師　　　　　　通信網
電気　　　　　　　　テレビ
ソケット　　　　　　電話

38 - Salud y Bienestar #1

魔	書	写	飢	餓	ラ	編	シ	ハ	ー	画	リ	プ	細
エ	ゲ	画	編	シ	法	品	レ	読	ー	び	ラ	芸	菌
ズ	ハ	ク	高	ジ	釣	編	猟	釣	姿	勢	ク	写	ラ
狩	狩	ャ	さ	喜	リ	エ	園	芸	ゲ	肌	ゼ	り	ン
神	経	編	狩	ゲ	イ	ー	喜	プ	編	興	ー	ャ	動
ウ	イ	ル	ス	パ	猟	ャ	診	筋	ゲ	ゼ	シ	リ	ラ
ル	ル	イ	イ	習	ダ	ル	グ	療	肉	猟	ョ	猟	骨
写	動	ダ	真	慣	動	味	ャ	所	ラ	ン	法	折	折
エ	ラ	撮	ー	ホ	撮	ダ	ル	ハ	ジ	ジ	真	反	射
魔	エ	猟	ダ	ル	ア	猟	狩	画	プ	ダ	狩	エ	骨
読	ー	ハ	味	モ	ク	釣	ム	治	薬	活	ゲ	ハ	真
ム	ム	撮	活	ン	テ	陶	編	療	絵	局	品	ー	猟
法	ズ	撮	ン	ル	ィ	影	味	物	ャ	ハ	シ	真	品
ゼ	キ	イ	ラ	グ	ブ	医	者	リ	編	ハ	り	ダ	活

アクティブ
高さ
細菌
診療所
医者
薬局
骨折
飢餓
習慣

ホルモン
筋肉
神経
姿勢
反射
リラクゼーション
治療
ウイルス

39 - Adjetivos #2

ハ	ン	リ	劇	陶	園	ダ	園	法	喜	動	画	イ	影
レ	ゲ	芸	的	イ	撮	り	猟	ン	真	プ	読	興	ン
り	プ	猟	産	活	ク	狩	ン	味	撮	物	り	シ	狩
塩	味	レ	生	ゼ	リ	真	品	ム	パ	ゲ	エ	釣	ズ
芸	辛	園	書	り	エ	工	面	猟	画	ゼ	動	法	り
リ	釣	い	正	常	イ	品	白	喜	レ	レ	書	動	動
動	リ	辛	ゼ	シ	ティ	写	い	猟	誇	り	ム	み	影
ナ	ャ	芸	書	動	ィ	釣	魔	編	び	ー	釣	ル
チ	ゲ	品	喜	品	ブ	絵	真	ド	ラ	イ	み	影
ュ	シ	イ	芸	シ	び	説	疲	有	エ	レ	ガ	ン	ト
ラ	食	用	シ	ハ	絵	明	れ	名	写	ン	芸	ダ
ル	ク	味	園	読	ゼ	読	た	エ	ャ	な	喜	強	レ
影	芸	真	真	品	動	元	責	任	者	鮮	動	撮	い
パ	陶	活	ズ	撮	影	気	喜	猟	着	新	ャ	ダ	ズ

疲れた	ナチュラル
食用	正常
クリエイティブ	新着
説明	誇り
劇的	辛い
エレガント	生産的
有名な	責任者
新鮮な	塩辛い
強い	元気
面白い	ドライ

40 - Cuerpo Humano

ゲ	画	書	キ	手	ン	パ	パ	ジ	撮	シ	リ	心	写
顎	活	ゼ	品	目	鼻	膝	り	品	ム	ャ	ロ	プ	臓
読	ル	陶	び	ル	レ	魔	編	陶	イ	品	興	み	陶
み	喜	キ	絵	編	シ	肩	肌	法	書	ジ	頭	ム	狩
園	編	キ	グ	書	猟	活	ズ	読	味	狩	物	プ	品
味	品	ゲ	興	ゲ	動	狩	耳	エ	ル	狩	ハ	グ	み
パ	ズ	血	興	ゼ	釣	首	影	園	興	キ	レ	グ	ダ
ラ	品	法	絵	魔	ン	シ	ラ	猟	動	動	ゲ	イ	釣
ゲ	ゼ	品	絵	ジ	ル	絵	リ	品	ゼ	ハ	編	エ	喜
真	写	猟	魔	ャ	顔	グ	ム	ズ	び	編	シ	ム	指
エ	り	ャ	び	び	芸	物	ゼ	狩	ハ	釣	ハ	ゼ	園
物	舌	動	ゼ	法	グ	プ	脳	書	狩	ダ	足	影	物
イ	グ	エ	書	猟	エ	画	イ	グ	写	園	ズ	ハ	エ
足	首	グ	ラ	品	ム	ー	イ	キ	魔	画	写	肘	ー

心臓　　　　　　　　　　　　　　　足首

41 - Ciencia

芸真動喜芸撮陶ルジル分科学者
ハ気候一編猟活レ狩法子原園撮
データ陶法ズパルク撮粒芸書真
法物法ジン真狩実験り陶猟喜
狩魔魔ハりダり陶事ゲ書方法魔
味レ味読品書エ活仮クク読シパ
写リ園書ズゼーグ説ミネラル釣喜
ーダシ品化興画品薬学化編ル陶
イ真ラ陶進石活レダ編理編プゲ
味パ物園び写園ズ園釣生物植味
物園ダグり絵狩味興ン工興然
研読物書重カびゼ写ゲ興ダ陶自物
喜究味法ズハび影り画味編ンエ読
書撮室釣みみャ魔法イ法ン書

原子   仮説
科学者   研究室
気候   方法
データ   ミネラル
進化   分子
実験   自然
物理学   生物
化石   粒子
重力   植物
事実   化学薬品

42 - Restaurante #2

り	法	イ	園	読	ウ	野	芸	ー	ス	イ	パ	ス	サ
芸	影	写	ゼ	真	ェ	菜	魔	狩	プ	釣	ー	シ	ラ
ン	活	ラ	編	芸	イ	飲	芸	ジ	ー	り	ハ	グ	ダ
ラ	ン	チ	影	エ	タ	料	写	魚	ン	シ	ス	ツ	興
ラ	レ	物	プ	パ	ー	喜	書	ン	写	ー	ゼ	ー	イ
ク	影	り	活	ゲ	リ	グ	写	狩	活	画	陶	ル	プ
味	び	ン	興	読	水	レ	クャ	興	味	影	フ	動	真
読	エ	味	狩	品	リ	グ	美	味	しい	エ	エ	真	活
法	編	ン	グ	狩	シ	狩	み	キ	ラ	書	イ	ジ	陶
写	イ	ダ	陶	園	リ	ケ	ラ	タ	食	猟	ゼ	グ	品
芸	椅	狩	び	塩	ク	ー	ォ	フ	味	編	影	編	ク
影	子	エ	物	園	魔	キ	陶	真	魔	リ	猟	パ	陶
前	猟	物	味	氷	撮	影	写	卵	陶	び	猟	喜	品
菜	み	ズ	プ	り	び	法	動	み	品	園	猟	ズ	ズ

ランチ	スパイス
前菜	フルーツ
飲料	ケーキ
ウェイター	椅子
夕食	スープ
スプーン	フォーク
美味しい	野菜
サラダ	

43 - Profesiones #1

踊	り	子	イ	ダ	消	地	図	製	作	者	宝	石	商
レ	ム	ル	リ	ン	防	一	興	ン	絵	り	イ	コ	レ
写	キ	読	猟	医	士	地	大	レ	画	興	パ	ー	活
ハ	ン	タ	ー	者	キ	質	使	釣	物	芸	狩	チ	ル
品	ダ	興	ム	学	レ	学	品	ン	ハ	真	キ	陶	興
影	ル	配	り	理	編	者	学	文	天	工	影	キ	ピ
狩	ル	動	管	心	一	集	編	影	シ	レ	品	イ	ア
み	ン	り	喜	工	法	猟	者	釣	ル	品	リ	ズ	ス
園	看	護	婦	弁	魔	絵	芸	銀	行	家	イ	狩	ト
ダ	真	ク	真	護	読	味	編	写	レ	ズ	ズ	写	ー
写	陶	味	魔	士	書	音	ル	魔	撮	ム	パ	り	リ
レ	イ	ク	パ	ダ	ャ	グ	楽	園	品	ン	ー	動	ス
ー	魔	猟	法	獣	医	ジ	喜	家	ャ	ャ	魔	狩	ア
エ	味	び	ー	撮	写	喜	編	画	ャ	ハ	イ	ハ	ア

弁護士	大使
天文学者	看護婦
アスリート	コーチ
踊り子	配管工
銀行家	地質学者
消防士	宝石商
地図製作者	音楽家
ハンター	ピアニスト
医者	心理学者
編集者	獣医

44 - Vehículos

```
ヘ ン ム パ ロ 自 一 園 猟 地 ゲ ラ ト ム
法 リ レ ジ ケ 喜 転 ジ パ 下 ハ 絵 ラ エ
り パ コ ク ッ ラ 車 飛 鉄 真 ズ ク ゲ 画
画 画 ゲ プ ト び 読 ジ 行 味 釣 イ タ 真
シ ャ ト ル タ 列 車 ン 機 救 急 車 ー 真
影 書 ー 釣 興 一 味 味 キ イ イ び シ ゼ
リ 興 ボ イ り リ び ズ 猟 興 ル グ ク キ
陶 絵 キ キ 絵 ェ 狩 ー ル 園 エ リ タ 画
ル ャ ャ 味 園 フ 写 喜 一 画 イ 読 読 画
タ ハ ラ 潜 水 艦 ー 興 ゲ 画 狩 ク 品 シ
イ 興 バ 写 影 魔 イ ズ ャ 写 バ ス 物 キ
ヤ 法 ン ャ シ ジ ム 喜 狩 陶 モ ー タ ー
絵 芸 品 パ エ グ ク 法 ー ク 動 エ リ ダ
撮 猟 ハ い か だ ム 撮 影 釣 リ 釣 ゼ ズ
```

救急車	ヘリコプター
バス	シャトル
飛行機	地下鉄
いかだ	モーター
ボート	タイヤ
自転車	潜水艦
トラック	タクシー
キャラバン	トラクター
ロケット	列車
フェリー	

45 - Geometría

```
計 算 ハ 書 表 法 写 ゲ 理 論 エ ル ゲ エ
ン レ 水 み 面 中 央 値 釣 次 元 キ ジ ゲ
陶 ー み 平 ゲ 読 み 芸 キ 画 物 魔 パ 高
リ シ 法 魔 ン 動 真 方 ダ パ ジ 絵 ゼ さ
ム ル 猟 ジ 論 理 猟 程 喜 ル 物 園 物 ル
み ャ 画 み 撮 ジ 式 動 番 影 物 動 ラ 園
リ 狩 ラ 狩 グ ー ハ 味 編 号 絵 物 プ 動
ャ 物 書 写 キ 猟 直 径 曲 園 園 プ 編 み
イ 興 ズ 猟 ダ 読 垂 イ 線 ゲ 興 形 ル 芸
平 編 ー ジ シ ゼ ャ ー 質 量 割 形 度 セ
編 行 真 編 喜 品 動 陶 味 釣 合 角 影 グ
レ 活 物 ー ハ 動 影 興 リ ク 三 動 動 メ
対 陶 魔 み 物 イ キ 物 ン パ 興 ゲ 撮 ン
シ 称 動 画 ク ャ 釣 エ 狩 パ リ 撮 興 ト
```

高さ	中央値
角度	番号
計算	平行
曲線	割合
直径	セグメント
次元	対称
方程式	表面
水平	理論
論理	三角形
質量	垂直

46 - Vacaciones #2

休	園	喜	ゲ	ム	物	ル	影	リ	空	法	ジ	ン	興
日	イ	パ	シ	キ	交	通	喜	ハ	ク	港	ホ	テ	ル
パ	喜	読	ゲ	ク	ゃ	ゼ	り	興	旅	プ	釣	味	狩
ー	シ	動	品	芸	ー	び	興	撮	ゼ	列	ル	リ	興
ャ	書	プ	ル	画	ラ	喜	リ	ー	エ	読	車	ル	味
ジ	猟	ー	釣	レ	物	り	び	園	プ	法	グ	園	法
レ	ス	ト	ラ	ン	ン	写	ゼ	リ	シ	ズ	リ	ク	ズ
ャ	ラ	プ	魔	み	ー	ー	芸	グ	ー	エ	チ	画	画
活	編	テ	読	エ	写	キ	み	タ	ク	シ	ー	ム	グ
予	約	ン	ル	興	動	ル	ゃ	ラ	地	イ	ビ	外	ラ
キ	リ	ト	ビ	ザ	み	ジ	グ	ー	猟	図	ラ	国	影
写	真	猟	島	パ	ス	ポ	ー	ト	動	ラ	園	人	書
ダ	ラ	ハ	写	猟	動	キ	芸	読	イ	興	び	ャ	法
レ	海	画	釣	ハ	撮	ゲ	り	シ	行	き	先	芸	ン

空港	ビーチ
テント	予約
行き先	レストラン
外国人	タクシー
写真	交通
ホテル	列車
地図	休日
レジャー	ビザ
パスポート	

47 - Matemáticas

編	平	魔	ク	撮	釣	み	半	グ	パ	方	程	式	ハ
幾	行	イ	陶	ラ	書	芸	径	算	動	り	ャ	影	真
何	四	ズ	プ	魔	魔	ゼ	ラ	術	レ	ラ	興	活	ム
学	辺	ジ	編	猟	興	ジ	ル	イ	画	ラ	キ	小	字
グ	形	リ	レ	ャ	園	品	影	エ	猟	陶	真	ジ	数
ゲ	矩	編	グ	書	ゼ	平	行	ボ	リ	ュ	ー	ム	ク
喜	画	レ	影	び	キ	び	魔	対	興	角	イ	物	分
芸	ル	園	パ	画	ジ	エ	称	物	魔	度	影	数
び	影	動	読	魔	活	ダ	ラ	シ	写	読	猟	読	釣
猟	興	プ	み	直	グ	影	写	ム	魔	ゲ	グ	ム	影
魔	書	ャ	ル	径	イ	ム	多	動	読	パ	真	リ	狩
び	ハ	み	品	ル	グ	イ	興	角	物	シ	プ	ャ	味
周	円	垂	直	指	数	ゲ	ズ	キ	形	角	三	猟	芸
囲	真	魔	グ	シ	レ	動	エ	ズ	興	プ	ル	園	法

算術	平行
角度	平行四辺形
円周	周囲
小数	垂直
直径	多角形
方程式	半径
指数	矩形
分数	対称
幾何学	三角形
数字	ボリューム

48 - Profesiones #2

書	狩	ー	ゲ	陶	ズ	イ	絵	動	ズ	エ	味	発	イ
写	真	家	活	プ	ゲ	ラ	書	ゼ	り	リ	ン	明	芸
物	シ	活	ダ	シ	ハ	ス	ハ	絵	ゼ	エ	ラ	者	味
ゲ	狩	ャ	レ	絵	味	ト	ジ	ゼ	活	パ	陶	医	ラ
グ	編	法	先	編	ー	レ	陶	ャ	ジ	ン	ム	歯	ー
画	家	外	ル	生	ー	ダ	探	ー	庭	師	司	書	書
ー	ン	読	科	猟	釣	タ	ム	偵	ズ	ナ	活	み	書
画	画	シ	ゲ	医	ー	ー	喜	ゲ	ン	ゲ	リ	狩	釣
撮	写	ジ	ル	生	物	学	者	ャ	み	宇	ハ	ス	ャ
レ	エ	猟	ン	ズ	グ	物	ジ	み	撮	宙	猟	釣	ト
エ	ン	ジ	ニ	ア	医	ラ	哲	学	者	飛	写	ジ	ッ
ラ	パ	ン	パ	釣	師	り	キ	グ	学	行	み	書	ロ
研	究	者	学	物	動	ラ	レ	ハ	語	士	り	レ	イ
ダ	パ	猟	リ	ク	撮	シ	ジ	ハ	言	ャ	喜	品	パ

宇宙飛行士	発明者
司書	研究者
生物学者	庭師
外科医	言語学者
歯医者	医師
探偵	ジャーナリスト
哲学者	パイロット
写真家	画家
イラストレーター	先生
エンジニア	動物学者

49 - Senderismo

ル	ク	編	法	真	グ	ダ	ム	ー	品	芸	読	水	園
写	法	ダ	ル	グ	画	ゼ	ダ	動	物	魔	ー	物	プ
自	ゼ	猟	物	ー	魔	品	び	り	ル	動	真	リ	画
書	然	興	グ	編	イ	狩	猟	魔	イ	書	物	り	真
ン	ム	ジ	イ	準	備	ズ	イ	読	ゲ	地	エ	陶	ダ
読	喜	ズ	み	画	山	サ	ミ	ッ	ト	図	レ	ハ	影
興	リ	レ	プ	喜	味	ク	味	陶	公	エ	石	ル	リ
オ	リ	エ	ン	テ	ー	シ	ョ	ン	園	ガ	イ	ド	写
太	陽	ン	ャ	野	生	芸	パ	グ	グ	レ	園	猟	猟
ズ	魔	編	キ	影	釣	ム	撮	物	気	候	書	影	キ
動	陶	び	び	編	レ	疲	プ	狩	ー	崖	り	写	狩
シ	狩	陶	撮	ラ	ジ	れ	り	プ	品	重	い	ラ	ゲ
ブ	ー	ツ	蚊	法	ゲ	た	キ	動	ダ	魔	影	物	釣
プ	読	絵	ラ	ー	活	真	画	興	リ	プ	芸	芸	品

動物	自然
ブーツ	オリエンテーション
キャンプ	公園
疲れた	重い
気候	準備
サミット	野生
ガイド	太陽
地図	

50 - Naturaleza

影	ラ	イ	編	動	写	芸	り	サ	ク	法	キ	び	ダ
品	ク	狩	写	物	味	プ	美	ン	シ	ズ	園	レ	釣
ゲ	プ	ン	ー	狩	味	ハ	し	ク	ェ	雲	絵	影	活
影	画	真	エ	動	魔	活	さ	チ	ル	写	森	魔	書
法	北	陶	書	グ	ジ	法	釣	ュ	タ	味	味	ン
レ	リ	極	興	魔	ゲ	狩	ム	ア	ー	真	び	レ	ク
釣	氷	び	猟	ト	砂	味	グ	リ	霧	野	穏	や	か
釣	河	画	読	ロ	漠	侵	食	陶	生	影	絵	魔
品	品	ズ	撮	ピ	び	ダ	ゲ	エ	釣	リ	品	影	シ
み	写	動	的	カ	品	平	法	ゼ	び	ー	絵	ズ	プ
び	ン	園	活	ル	園	和	川	魔	ハ	ラ	び	釣	ズ
狩	陶	レ	ジ	リ	ジ	グ	び	活	蜂	読	釣	撮	活
真	ク	画	猟	芸	ラ	ゲ	ラ	ー	ャ	動	絵	葉	イ
重	要	品	ラ	み	ル	ク	園	味	ハ	プ	レ	ジ	動

動物   平和
北極   シェルター
美しさ   野生
砂漠   サンクチュアリ
動的   穏やか
侵食   トロピカル
氷河   重要

51 - Conduciendo

真	品	歩	ー	真	狩	画	シ	エ	撮	エ	ラ	影	ジ
味	喜	行	び	喜	魔	ク	ッ	ラ	ト	ル	イ	り	狩
真	ン	者	ハ	ン	ラ	ゼ	ー	シ	ン	エ	セ	シ	グ
編	陶	品	画	ゲ	ダ	物	ク	ム	ネ	ジ	ン	び	物
安	全	性	ク	芸	り	動	危	険	ル	び	ス	警	察
ク	物	リ	活	活	み	魔	び	燃	料	シ	影	狩	
地	ー	ゼ	ゼ	編	リ	グ	猟	ス	交	通	り	ン	
味	図	物	キ	度	ブ	書	リ	ズ	ト	ガ	書	み	車
イ	ラ	法	ク	み	レ	グ	魔	り	リ	レ	グ	編	陶
法	ャ	編	ゼ	び	ー	タ	ー	モ	ー	ー	編	活	ジ
び	キ	キ	書	ズ	キ	真	バ	真	ト	ジ	興	ゼ	読
ン	ャ	芸	魔	ャ	園	釣	ス	プ	事	故	興	び	真
オ	ー	ト	バ	イ	園	ダ	絵	撮	ー	絵	動	ク	レ
グ	園	書	シ	プ	味	園	キ	び	シ	パ	喜	法	ハ

事故
バス
ストリート
トラック
燃料
ブレーキ
ガレージ
ガス
ライセンス
地図

オートバイ
モーター
歩行者
危険
警察
安全性
交通
トンネル
速度

52 - Ballet

釣	喜	ゼ	興	ン	動	オ	動	み	動	パ	プ	シ	練
書	キ	ゼ	ゲ	絵	園	ー	サ	ン	ダ	レ	プ	動	習
ャ	び	リ	ナ	猟	法	ケ	ム	ン	ズ	ッ	ハ	ク	リ
陶	イ	芸	ー	ャ	チ	ス	ェ	ジ	法	ス	作	絵	狩
法	写	写	リ	芸	書	ト	園	ス	リ	ン	ー	曲	絵
ャ	ダ	興	レ	興	術	ラ	読	タ	ジ	ズ	リ	活	家
動	筋	影	バ	ャ	技	的	猟	イ	ル	編	ム	パ	撮
リ	肉	品	ャ	書	ゼ	パ	ル	撮	ハ	ー	ル	動
リ	ハ	ー	サ	ル	絵	ハ	陶	キ	拍	手	写	音	興
釣	ハ	狩	読	魔	ラ	喜	キ	ス	書	ン	絵	楽	ン
振	エ	喜	リ	び	ラ	喜	写	ダ	釣	影	ャ	園	真
り	ン	物	真	書	ー	魔	表	現	力	豊	か	な	魔
付	ム	ゼ	レ	陶	ハ	ル	り	グ	ム	活	ゼ	読	ソ
け	エ	絵	ダ	み	ラ	ダ	写	ジ	狩	強	度	興	ロ

拍手	スキル
芸術的	強度
バレリーナ	レッスン
ダンサー	筋肉
作曲家	音楽
振り付け	オーケストラ
リハーサル	練習
スタイル	リズム
表現力豊かな	ソロ
ジェスチャー	技術

53 - Fuerza y Gravedad

びゼ動磁時間釣リハキ釣ゼパン
物ハ的園気品エ興猟びジエゲシ
影理撮影ジ書園ー動喜物魔影絵
真動学グセジ速パクーゲ圧釣
シシ影重陶ン軌度影イ書びカ園画
ラ影動さタ道距編ー興惑星活
ララ動み喜ージ離編狩猟ダ星画
ムドム読猟猟編園芸シレ魔ル撮
グーパ読写び撮魔ププ芸動ル園り
撮ュ摩力学発見猟魔ロシ画拡張
りチ擦品キび活レ読パレ影活ク
ユニバーサルー狩ムテー芸喜み味
喜グ軸法撮絵興影シィ書ダー味
芸マ真キ撮書物響釣イパラシシ

センター	力学
発見	軌道
動的	重さ
距離	惑星
拡張	圧力
物理学	プロパティ
摩擦	時間
影響	ユニバーサル
磁気	速度
マグニチュード	

54 - Pájaros

ス	ャ	園	エ	狩	ク	芸	ダ	喜	ン	ゲ	写	ジ	興
ラ	ズ	び	コ	編	パ	ダ	絵	ペ	味	猟	シ	編	り
カ	魔	メ	レ	ウ	ョ	チ	ガ	ン	猟	ジ	パ	キ	撮
び	サ	モ	プ	ョ	ノ	プ	芸	ギ	オ	ウ	ム	ン	活
狩	ギ	カ	物	チ	興	ト	ラ	ン	ゼ	コ	狩	り	撮
書	ク	白	鳥	ダ	エ	オ	リ	プ	卵	ッ	パ	ハ	書
写	画	ク	ゼ	み	ャ	オ	み	ズ	編	カ	物	物	撮
ー	味	レ	鷲	興	ー	ハ	狩	編	園	絵	品	ゴ	猟
喜	狩	物	真	ジ	ア	シ	釣	興	ゼ	影	ズ	ン	プ
狩	陶	鷹	芸	び	ヒ	リ	読	写	ペ	リ	カ	ミ	ラ
園	ジ	写	撮	シ	ル	ゲ	興	ズ	画	ゲ	書	ラ	シ
編	プ	編	ダ	プ	鳩	編	パ	グ	グ	ャ	イ	フ	ク
味	ハ	芸	ー	エ	法	レ	味	ク	シ	エ	ル	ン	ン
画	ゲ	ハ	プ	狩	び	チ	キ	ン	絵	ル	魔	レ	ゲ

ダチョウ	カモメ
コウノトリ	スズメ
白鳥	オウム
カッコウ	アヒル
カラス	ペリカン
フラミンゴ	ペンギン
ガチョウ	チキン
サギ	オオハシ

55 - Geografía

猟	び	パ	陶	真	山	陶	ー	影	猟	読	び	喜	絵
真	エ	ラ	み	ラ	味	シ	物	地	イ	物	陶	芸
魔	撮	ダ	プ	西	味	ャ	園	図	動	ン	絵	パ
ク	活	ム	ジ	猟	海	北	活	真	り	グ	キ	魔
み	喜	ズ	シ	プ	動	ラ	グ	活	レ	編	ジ	み	ー
ハ	真	イ	法	魔	書	り	真	大	陸	ア	ト	ラ	ス
ゼ	興	読	ク	島	ク	ズ	ズ	ズ	み	物	興	ジ	物
真	緯	度	高	芸	書	ャ	ゲ	ハ	パ	ハ	川	味
撮	ャ	プ	魔	ゼ	読	ク	イ	ム	ー	パ	び	ム	ム
芸	キ	南	ン	イ	エ	子	午	線	市	動	ラ	世	界
陶	リ	喜	経	画	味	グ	真	物	レ	読	読	レ	ゼ
陶	書	半	度	ル	シ	ル	ラ	レ	芸	陶	釣	撮	書
読	び	影	球	活	ダ	ゼ	絵	園	み	魔	領	域	地
陶	ー	ラ	味	法	グ	ズ	影	狩	リ	ダ	国	ム	ダ

高度	地図
アトラス	子午線
大陸	世界
半球	領域
緯度	地域
経度	

56 - Música

ズ	ズ	ャ	レ	ャ	喜	び	魔	ハ	興	ジ	音	ク	絵
絵	動	ス	詩	ズ	ハ	ラ	ハ	ラ	ラ	ャ	楽	ム	ラ
オ	ペ	ラ	絵	的	録	音	味	興	シ	グ	家	書	レ
ー	ズ	ィ	デ	ロ	メ	り	テ	ン	ポ	陶	ー	プ
シ	釣	コ	影	撮	物	ン	ア	ル	バ	ム	読	ク	リ
ジ	品	画	編	楽	器	り	キ	カ	カ	プ	ゲ	画	影
興	陶	書	レ	ゲ	物	ム	興	ー	書	ジ	釣	プ	ム
編	画	真	芸	絵	魔	ダ	歌	ボ	ハ	ゼ	ー	興	ク
真	書	釣	み	撮	魔	み	手	歌	バ	ダ	み	ュ	ジ
ム	ズ	ゼ	ゲ	写	猟	エ	品	う	ラ	ジ	ゼ	写	ミ
パ	シ	マ	イ	ク	ッ	シ	ラ	ク	ー	絵	ゼ	喜	陶
園	興	プ	り	喜	活	芸	品	絵	ド	動	即	動	魔
ハ	ー	モ	ニ	ッ	ク	ル	ム	キ	リ	ズ	ム	興	調
レ	撮	エ	パ	撮	パ	ク	エ	動	ダ	園	味	釣	和

調和	楽器
ハーモニック	メロディー
アルバム	マイク
バラード	ミュージカル
歌手	音楽家
歌う	オペラ
クラシック	詩的
コーラス	リズム
録音	テンポ
即興	ボーカル

57 - Actividades

エ	ズ	味	品	ル	エ	読	書	釣	グ	品	陶	ジ	品
ラ	ズ	物	興	味	芸	ゼ	喜	パ	魔	絵	編	絵	画
写	真	撮	影	狩	品	リ	ー	ズ	画	び	物	釣	ク
書	プ	シ	真	猟	ジ	ゼ	編	ル	ダ	魔	ダ	り	ャ
ム	画	ム	プ	法	び	品	写	キ	ゲ	猟	絵	り	ハ
真	編	ル	ャ	猟	シ	味	動	ス	編	み	物	グ	プ
書	ム	芸	ラ	イ	ゼ	ダ	影	魔	リ	喜	写	ラ	ゼ
芸	パ	画	ル	魔	活	ル	味	ト	シ	写	グ	ダ	書
ハ	イ	キ	ン	グ	動	撮	レ	ジ	ャ	ー	縫	製	ハ
ャ	園	ク	プ	エ	陶	グ	影	活	ラ	喜	ア	写	魔
品	芸	ゲ	興	読	ズ	撮	魔	動	グ	読	び	書	ム
物	法	イ	ャ	ー	ャ	影	猟	猟	品	グ	り	狩	園
法	パ	魔	ジ	ム	レ	ゼ	ダ	芸	ル	ゼ	猟	ン	興
ル	法	法	味	ャ	リ	ラ	ク	ゼ	ー	シ	ョ	ン	興

活動	読書
アート	魔法
工芸品	レジャー
狩猟	釣り
縫製	絵画
写真撮影	喜び
スキル	リラクゼーション
興味	パズル
園芸	ハイキング
ゲーム	編み物

58 - Verduras

味	ム	活	ラ	品	ル	ダ	動	か	カ	ブ	ジ	影	み
写	読	エ	絵	魔	エ	魔	書	喜	ぼ	キ	ン	園	ブ
撮	キ	編	ン	ト	マ	ト	キ	ノ	コ	ち	ジ	レ	ロ
読	動	オ	パ	ド	動	シ	法	ク	写	ゃ	玉	ッ	コ
釣	ダ	リ	ロ	セ	ウ	ョ	ほ	う	れ	ん	草	葱	リ
グ	品	ー	撮	編	リ	ウ	絵	法	猟	こ	ズ	猟	ー
ダ	キ	ブ	サ	ラ	ダ	ガ	真	グ	み	い	イ	絵	陶
ア	ー	ティ	チ	ョ	ー	ク	ル	ム	だ	ゃ	ハ	陶	魔
ラ	狩	レ	釣	活	物	陶	物	活	ル	ハ	ジ	ハ	リ
ん	じ	ん	に	ゲ	イ	グ	園	狩	リ	書	ジ	り	物
ズ	ゃ	ニ	ン	ニ	ク	茄	子	法	味	魔	ゼ	ン	ー
ク	が	陶	ジ	り	影	芸	シ	ー	法	読	真	読	ダ
品	い	ー	ズ	ジ	ゼ	味	魔	ク	魔	ダ	真	ム	陶
動	も	キ	ュ	ウ	リ	狩	画	味	ラ	芸	猟	絵	書

ニンニク	ショウガ
アーティチョーク	カブ
セロリ	オリーブ
茄子	じゃがいも
ブロッコリー	キュウリ
かぼちゃ	パセリ
玉葱	だいこん
サラダ	キノコ
ほうれん草	トマト
エンドウ	にんじん

59 - Instrumentos Musicales

ャ	写	パ	ジ	編	び	フ	バ	ジ	ゼ	り	び	ー	ク
プ	猟	真	園	活	芸	ァ	編	ン	シ	キ	プ	ジ	ラ
び	エ	シ	ム	ゲ	び	ゴ	ク	ン	ジ	び	喜	読	リ
品	ゼ	画	ー	ス	ク	ッ	サ	園	ショ	ー	狩	ネ	ッ
バ	イ	オ	リ	ン	イ	ト	ラ	マ	キ	読	ー	ル	ト
編	ゼ	絵	写	ダ	ラ	ジ	レ	リ	ー	興	書	タ	ギ
ト	絵	ム	芸	フ	ル	ー	ト	ン	味	び	活	ダ	影
ラ	ゼ	物	カ	シ	釣	撮	画	バ	画	ド	ラ	ム	ト
ン	ゴ	り	ニ	マ	ン	ド	リ	ン	ー	ボ	ン	ロ	ロ
ペ	ン	オ	書	魔	タ	写	絵	撮	釣	チ	ェ	ロ	陶
ッ	グ	園	ー	ズ	ゲ	ン	ョ	シ	ッ	カ	ー	パ	エ
ト	釣	ル	ハ	ボ	ズ	バ	ハ	ー	プ	ピ	ア	ノ	キ
り	ル	編	喜	画	エ	リ	動	ン	パ	魔	イ	真	芸
ー	法	シ	シ	ゼ	動	ン	猟	絵	写	ラ	魔	パ	

ハーモニカ	オーボエ
ハープ	タンバリン
バンジョー	パーカッション
クラリネット	ピアノ
ファゴット	サックス
フルート	ドラム
ゴング	トロンボーン
ギター	トランペット
マンドリン	バイオリン
マリンバ	チェロ

60 - Mascotas

牛	ル	画	子	パ	足	ャ	画	編	ゲ	物	び	ン	動
興	キ	真	猫	魔	絵	ジ	グ	絵	り	撮	ハ	ラ	襟
ゲ	ジ	ン	エ	興	興	ト	り	ダ	プ	グ	ジ	品	絵
子	喜	魔	ム	ヤ	味	カ	活	法	シ	ラ	ダ	ン	ね
犬	品	魔	ラ	ギ	影	ゲ	法	ク	イ	爪	ジ	り	ず
興	撮	味	猫	レ	ー	ズ	ー	ン	編	ル	書	ダ	み
狩	編	ラ	読	ク	書	エ	タ	カ	釣	ン	エ	ゼ	プ
編	書	物	尾	み	写	法	ス	メ	グ	写	法	り	う
真	書	釣	エ	影	オ	ウ	ム	芸	食	ベ	物	エ	さ
物	写	ン	り	読	撮	プ	ハ	ゼ	読	絵	ャ	シ	ぎ
ゲ	ダ	ゲ	影	ハ	ラ	画	喜	ゲ	園	ル	魔	ダ	物
芸	び	動	魔	び	芸	活	プ	み	猟	書	パ	法	芸
狩	獣	物	パ	ク	品	猟	ー	ン	ハ	芸	ル	ダ	ン
ム	医	ル	エ	パ	猟	ャ	ゲ	魚	ジ	り	ラ	グ	水

ヤギ	トカゲ
子犬	オウム
食べ物	ねずみ
うさぎ	カメ
子猫	獣医
ハムスター	

61 - Flores

パ	り	園	牡	物	絵	タ	園	イ	花	束	デ	撮	プ
味	み	魔	丹	編	読	ン	画	影	ウ	ソ	イ	ケ	ト
ひ	プ	ル	メ	リ	ア	ポ	り	画	ラ	リ	ジ	編	物
レ	ま	魔	ャ	シ	ラ	ポ	物	魔	ハ	法	ー	び	ダ
影	読	わ	ゼ	百	イ	マ	グ	ノ	リ	ア	ダ	影	画
ゲ	陶	グ	り	合	ラ	リ	キ	み	ク	法	ン	パ	ャ
魔	影	読	ジ	エ	ッ	ク	チ	ナ	シ	陶	ベ	プ	ジ
び	釣	写	撮	ャ	ク	味	イ	び	び	ム	ラ	興	写
ポ	花	弁	ー	ル	ス	ク	ロ	ー	バ	ー	魔	書	リ
ャ	ピ	ゼ	物	画	ゼ	ミ	チ	ュ	ー	リ	ッ	プ	興
活	魔	ー	ゼ	シ	エ	リ	ン	ズ	味	猟	画	プ	芸
ャ	写	キ	ラ	ハ	イ	ビ	ス	カ	ス	パ	写	狩	陶
写	蘭	キ	釣	ゲ	ク	狩	真	ズ	パ	品	物	イ	ジ
ゲ	グ	ン	影	グ	グ	ル	ラ	ズ	活	活	シ	写	物

ポピー	マグノリア
タンポポ	デイジー
クチナシ	トケイソウ
ひまわり	牡丹
ハイビスカス	花弁
ジャスミン	プルメリア
ラベンダー	花束
ライラック	クローバー
百合	チューリップ

62 - Astronomía

地	球	品	ム	び	銀	動	プ	芸	陶	ゲ	食	グ	シ
宇	宙	飛	行	士	河	物	編	ゼ	編	天	真	放	ル
喜	宇	び	ゃ	読	星	惑	重	カ	月	文	ハ	射	狩
キ	物	写	書	ダ	座	味	小	法	絵	台	ダ	線	猟
影	味	キ	興	グ	影	撮	ズ	惑	ー	キ	ラ	活	品
空	ク	編	活	ハ	ー	パ	園	陶	星	味	猟	撮	り
超	新	星	シ	ゲ	ダ	ラ	法	画	ジ	活	プ	撮	味
興	グ	魔	動	キ	シ	物	ム	味	動	園	撮	ハ	品
プ	り	パ	ズ	ゲ	釣	動	り	エ	動	狩	み	読	画
園	ム	活	ゃ	ダ	活	編	陶	真	び	ゲ	読	ラ	プ
グ	グ	ル	ロ	ケ	ッ	ト	春	天	文	学	者	レ	パ
撮	編	望	ハ	影	芸	喜	興	分	衛	猟	品	ャ	レ
ジ	編	遠	ー	ル	ク	陶	動	り	星	編	園	絵	ク
流	星	鏡	物	動	み	イ	ー	書	動	リ	芸	ル	真

小惑星　　　　　　　　天文台
宇宙飛行士　　　　　　惑星
天文学者　　　　　　　放射線
ロケット　　　　　　　衛星
星座　　　　　　　　　超新星
春分　　　　　　　　　望遠鏡
銀河　　　　　　　　　地球
重力　　　　　　　　　宇宙
流星

63 - Tiempo

釣	編	編	世	活	ク	ゼ	芸	み	物	読	魔	ル	ゲ
月	ン	動	紀	ャ	真	イ	ハ	写	ハ	ゲ	び	ゲ	シ
シ	釣	活	レ	ジ	撮	写	シ	品	ハ	書	陶	撮	狩
ク	喜	画	狩	ー	ー	み	陶	影	画	ム	法	物	パ
間	十	年	グ	リ	ク	写	品	朝	喜	真	写	陶	ク
時	計	ク	芸	書	魔	陶	写	今	未	来	昨	日	カ
陶	リ	ク	ゼ	狩	書	真	夜	ル	猟	ゼ	写	ン	レ
年	編	ー	ダ	ク	エ	読	ゼ	グ	狩	ダ	通	年	ン
ラ	ク	写	グ	絵	真	猟	品	イ	書	活	ャ	物	ダ
イ	絵	物	ハ	ー	週	日	今	ダ	ン	シ	ダ	ャ	ー
魔	品	喜	撮	活	ゼ	ー	瞬	動	法	ル	昼	前	釣
リ	ク	活	り	エ	グ	活	ハ	釣	物	び	ン	猟	喜
び	り	ジ	味	法	キ	ー	ク	撮	読	ャ	キ	読	ク
猟	ダ	ハ	グ	陶	喜	魔	猟	絵	釣	分	ダ	ン	ダ

通年	時間
昨日	今日
カレンダー	一瞬
十年	時計
未来	世紀

64 - Paisajes

魔	ゼ	ハ	間	ズ	砂	絵	ビ	ク	リ	動	レ	喜
ラ	グ	ー	ン	欠	漠	オ	ー	ル	釣	影	猟	レ	ル
ド	ー	シ	動	沼	泉	ア	チ	ラ	キ	ム	ゼ	ゼ	喜
ン	グ	影	真	猟	読	シ	法	プ	味	ズ	川	ン	び
ツ	園	狩	ー	読	味	ス	読	ジ	写	キ	芸	撮	海
真	芸	ク	園	ゲ	撮	キ	レ	河	口	法	ハ	半	谷
ズ	ル	真	ダ	品	山	火	レ	画	陶	撮	島	影	書
園	喜	興	書	読	氷	陶	狩	芸	撮	釣	ラ	法	味
動	レ	興	編	ー	洞	窟	園	狩	釣	猟	ハ	み	物
魔	画	ゲ	ゲ	書	レ	り	ハ	ズ	ム	園	興	興	狩
ジ	魔	イ	滝	読	陶	書	シ	ダ	エ	魔	プ	エ	び
ム	ゲ	魔	リ	園	ラ	ー	釣	狩	陶	ズ	ズ	写	絵
シ	絵	画	品	ゼ	キ	読	湖	影	パ	ル	物	釣	法
ー	イ	編	写	ダ	真	影	リ	ン	ダ	氷	河	イ	活

洞窟	ラグーン
砂漠	オアシス
河口	半島
間欠泉	ビーチ
氷河	ツンドラ
氷山	火山

65 - Días y Meses

シ	釣	み	ジ	猟	絵	カ	レ	ン	ダ	ー	行	陶	金
火	狩	週	絵	り	ル	法	品	物	読	バ	真	進	曜
書	曜	り	り	年	エ	イ	プ	リ	ル	ン	絵	編	日
陶	工	日	曜	日	真	び	二	月	ハ	テ	ル	活	ク
ク	興	り	曜	猟	み	ゼ	撮	五	陶	プ	み	編	ゼ
興	味	釣	工	水	品	ン	釣	ジ	ゲ	セ	ゲ	ハ	ダ
魔	月	イ	品	味	プ	ン	パ	喜	ジ	法	芸	猟	エ
活	曜	イ	ン	ダ	び	影	エ	ハ	り	び	芸	グ	ラ
土	日	ゼ	魔	編	七	月	グ	写	絵	物	グ	絵	動
曜	ム	興	法	キ	真	六	真	ハ	ズ	ム	び	活	工
日	画	品	ハ	編	木	物	シ	パ	ー	ジ	動	グ	芸
プ	品	グ	ー	ラ	曜	興	読	書	ム	園	撮	真	芸
真	猟	画	書	ク	日	び	狩	ラ	び	ラ	ー	ズ	工
十	一	月	プ	ー	狩	ー	イ	ー	ダ	味	リ	み	猟

エイプリル	火曜日
八月	行進
カレンダー	五月
日曜日	水曜日
二月	十一月
木曜日	土曜日
七月	セプテンバー
六月	金曜日
月曜日	

66 - Jardinería

写影写書狩狩品陶みリエ容器み
品撮ラ気喜エゲ堆法編キび味ダ
興影花候喜撮び肥スグゾ葉り読
ャ法ダみリ影りドーャチーオリ
ルレク活画イシ読ホ種ッ絵り編
季ムダ興キ写植物味興ク釣ラ陶
節画法リズ絵ル読クダ動活読ハ
フローラル泥影ラ土ズ味みャみ
書ン編食撮リ絵レジ花編動興グ
ーびエラ用動芸活み束ー書狩陶
味猟び写プズ活ラダイ分ジジ
種品書ゼ釣り猟エジみみ水ジレ
子ゼびーみ編ダ活法グみ興ルグ読
興絵動興釣リレレびズグ活グ動

植物	フローラル
気候	オーチャード
食用	水分
堆肥	ホース
容器	花束
季節	種子
エキゾチック	

67 - Chocolate

```
酸 ジ イ ズ グ ピ 職 カ ロ リ ー ジ キ 編
化 魔 ー み 香 ー 人 エ キ ゾ チ ッ ク 真
防 味 パ 芸 り ナ 園 甘 い し 味 美 ル ハ
止 真 び ル 入 ッ 絵 撮 苦 り 法 り 画
剤 喜 釣 ャ に ツ カ ラ メ ル 味 み 品 質
み ラ ラ び 気 猟 プ リ 成 り 芸 グ リ プ
ゲ ズ ム 絵 お ジ 活 ム 猟 分 書 書 園 ズ
プ 動 カ カ オ ジ ゲ 園 撮 ム 釣 キ エ ラ
読 品 物 イ り 喜 編 写 粉 イ パ 品 味 び
リ 活 エ グ 写 キ 法 法 レ ン 画 イ 味 魔
リ イ 書 法 キ 陶 書 興 猟 レ キ ジ キ 絵
砂 ハ 品 ラ 活 リ み び 園 シ ム レ ン 物
ゼ 糖 み ゲ リ ン 読 ゼ 喜 ピ エ レ り 編
エ 陶 園 読 コ コ ナ ッ ツ 猟 み 陶 絵 絵
```

苦い	カラメル
酸化防止剤	ココナッツ
香り	美味しい
職人	甘い
砂糖	エキゾチック
ピーナッツ	お気に入り
カカオ	成分
品質	レシピ
カロリー	

68 - Barbacoas

味	リ	画	キ	エ	釣	ル	品	絵	狩	ハ	動	絵	パ
レ	み	ム	シ	写	エ	び	キ	編	り	コ	シ	ョ	ウ
興	喜	撮	読	ャ	レ	サ	ゲ	芸	プ	釣	園	ダ	動
キ	園	画	ナ	イ	フ	ラ	画	喜	品	真	ハ	飢	み
味	ル	リ	ャ	ハ	ダ	ダ	イ	グ	ゲ	グ	狩	ハ	餓
ハ	レ	ハ	編	ゼ	ト	陶	ャ	ゲ	ツ	リ	プ	グ	リ
ハ	猟	ム	野	味	り	マ	ル	活	ー	ル	味	動	ル
チ	ン	ラ	菜	び	読	ラ	ト	釣	ル	ム	塩	読	ク
キ	ホ	ッ	ト	活	タ	ソ	品	プ	フ	真	ズ	ラ	ラ
ン	パ	夏	法	興	食	ー	ク	エ	画	絵	プ	ジ	芸
ジ	プ	イ	物	レ	ン	ス	ー	音	ハ	影	り	子	物
ジ	味	魔	家	陶	法	動	陶	楽	読	活	編	供	ャ
狩	味	編	族	ズ	パ	書	ズ	び	ム	撮	品	達	撮
玉	ね	ぎ	ー	エ	猟	ハ	狩	ン	喜	ー	ン	絵	ハ

ランチ	ゲーム
ホット	音楽
玉ねぎ	子供達
夕食	グリル
ナイフ	コショウ
サラダ	チキン
家族	ソース
フルーツ	トマト
飢餓	野菜

69 - Ropa

```
ダ 芸 ネ 法 読 画 ハ ス ウ ラ ブ 喜 喜 ャ
園 喜 ッ ジ り グ ゼ カ パ グ 動 狩 み 影 パ
ン シ ク 帽 ズ 芸 ー ー ラ セ ャ ク 読 パ
味 園 レ 園 子 書 ャ フ 品 ツ ャ ー 読 影
エ グ ス グ び ジ エ 品 マ ジ パ タ フ ー
ス ド レ ス エ プ ロ ン レ シ ッ ァ フ キ
味 カ ャ 喜 ラ ル ダ レ プ 書 絵 キ 編 書
パ ブ ー 真 プ み 釣 シ 書 ベ ル ト ム 絵
法 レ 品 ト 陶 魔 園 編 パ イ 園 ッ ー コ
ラ ス 物 猟 活 ジ ュ エ リ ー パ ケ 品 影
読 レ 法 芸 靴 び 喜 芸 編 活 ン ャ 園 り
ム ッ サ ン ダ ル み 芸 グ ゲ ツ ジ ラ 物
イ ト ジ イ レ び シ ズ キ 釣 味 り 園 品
味 園 写 書 絵 手 袋 法 ャ プ 物 撮 陶 品
```

コート
ブラウス
スカーフ
シャツ
ジャケット
ベルト
ネックレス
エプロン
スカート
手袋

ジュエリー
ファッション
パンツ
パジャマ
ブレスレット
サンダル
帽子
セーター
ドレス

70 - Meditación

```
活 パ 書 ズ 狩 ラ ン ム レ エ 読 動 エ パ
法 び ダ シ び 影 写 呼 吸 自 親 き ム ー
ゲ ゲ 書 味 ャ 狩 パ 活 リ 然 切 活 興 ス
編 ク ジ 品 エ プ プ み ズ ク ハ ル ペ
明 び 情 狩 活 レ 猟 シ 思 受 け 入 れ ク
画 快 ク 感 習 慣 思 考 い イ 釣 陶 写 テ
マ イ ン ド 謝 平 書 ハ や メ ン タ ル ィ
影 活 プ ン イ 和 観 物 り 写 園 品 動 ブ
魔 沈 黙 キ 陶 画 察 絵 芸 編 ー リ キ 写
法 イ グ 物 写 ー 味 ン 画 興 興 グ 写 ム
ン 狩 影 物 注 パ 芸 イ シ ゼ ク ハ プ ゼ
ゲ 音 グ 影 意 び 喜 ル 写 陶 レ ル 編 真
シ 楽 ダ 釣 味 物 陶 喜 イ ー 物 真 撮 喜
姿 勢 ン 読 釣 イ 狩 り 芸 レ ー 品 パ リ
```

受け入れ	動き
注意	音楽
親切	自然
明快	観察
思いやり	平和
感情	思考
感謝	パースペクティブ
習慣	姿勢
メンタル	呼吸
マインド	沈黙

71 - Libros

陶	ス	エ	写	著	写	り	興	真	グ	読	み	ゲ	エ
冒	ト	影	ピ	者	読	編	ジ	シ	撮	び	味	パ	り
険	ー	園	動	ッ	み	狩	撮	り	パ	物	り	イ	ジ
レ	リ	ゼ	ム	影	ク	リ	エ	ク	ク	興	ー	品	撮
ジ	ー	ペ	ル	ン	パ	ン	芸	書	ク	味	影	書	書
釣	写	ン	芸	釣	み	コ	品	ニ	か	読	画	ジ	プ
写	関	ジ	影	エ	パ	レ	言	葉	重	れ	詩	り	レ
ズ	連	編	ム	ラ	エ	ク	釣	画	ー	性	た	書	品
画	す	歴	史	的	ジ	シ	ナ	レ	ー	タ	ー	悲	ダ
リ	る	ズ	絵	真	法	ョ	絵	喜	読	イ	影	劇	レ
絵	ズ	ジ	法	芸	味	ン	シ	リ	ゲ	画	味	的	法
ユ	ー	モ	ラ	ス	文	シ	物	ゲ	編	び	興	リ	魔
ゼ	リ	ダ	ャ	園	学	小	説	エ	ル	発	リ	キ	編
エ	シ	味	画	イ	影	影	り	レ	法	明	編	ズ	ズ

著者	読者
冒険	文学
コレクション	ナレーター
二重性	小説
エピック	言葉
書かれた	ページ
ストーリー	関連する
歴史的	シリーズ
ユーモラス	悲劇的
発明	

び	ン	園	書	ゼ	喜	品	び	陶	影	写	ク	陶	ゼ
編	ー	読	ン	撮	園	態	度	画	魔	絵	ャ	釣	活
り	通	信	網	資	金	調	達	真	ロ	新	ル	狩	写
ー	狩	通	狩	エ	影	グ	書	ン	撮	聞	ー	釣	界
ハ	法	影	味	ル	ハ	品	ジ	影	ル	カ	び	商	業
公	意	見	み	園	ゲ	事	品	知	写	法	影	ル	ゼ
興	共	興	リ	画	ャ	実	園	的	動	画	び	影	ン
デ	ク	教	ゼ	活	ン	釣	ク	編	イ	び	ン	プ	ン
ジ	プ	レ	育	読	び	陶	り	芸	撮	釣	ジ	プ	釣
タ	び	興	ク	写	ゃ	真	ゼ	撮	み	園	プ	読	パ
ル	み	釣	動	テ	ー	物	ン	園	ズ	ハ	ム	読	パ
プ	エ	写	真	レ	ダ	撮	イ	シ	オ	パ	活	ゃ	み
写	雑	誌	ル	ビ	レ	猟	ラ	ジ	ジ	動	ャ	読	キ
写	グ	狩	画	ゃ	釣	り	ン	活	オ	影	活	版	ゼ

態度	知的
商業	ローカル
通信	意見
デジタル	新聞
教育	公共
オンライン	ラジオ
資金調達	通信網
写真	雑誌
事実	テレビ
業界	

73 - Nutrición

栄	養	素	書	ジ	習	イ	狩	プ	用	食	キ	消	絵
ハ	び	パ	ズ	ル	ズ	慣	ハ	元	気	ー	欲	化	シ
釣	読	動	狩	ル	ラ	真	ル	グ	画	狩	撮	シ	シ
炭	水	化	物	キ	ダ	イ	エ	ッ	ト	カ	ロ	リ	ー
毒	タ	ン	パ	ク	質	喜	リ	絵	イ	ラ	園	絵	レ
素	興	ミ	プ	ム	編	ラ	魔	ル	び	影	ズ	芸	ン
書	グ	タ	ゲ	み	ク	ル	み	品	狩	ジ	書	芸	物
喜	キ	ビ	リ	品	ク	園	発	ル	バ	ジ	ゲ	物	ー
味	狩	喜	グ	園	苦	い	酵	読	ラ	画	書	ン	芸
陶	み	ジ	プ	猟	ャ	ズ	興	芸	ン	ル	品	ダ	ラ
重	品	質	芸	レ	リ	ジ	び	猟	ス	健	り	興	ジ
画	さ	ゼ	キ	編	ャ	り	物	ー	康	り	活	ャ
イ	絵	味	味	ー	ン	味	り	活	ソ	陶	芸	画	陶
釣	興	魔	絵	猟	釣	ル	猟	び	絵	編	ズ	魔	ャ

苦い	習慣
食欲	栄養素
品質	重さ
カロリー	タンパク質
炭水化物	ソース
食用	健康
ダイエット	元気
消化	毒素
バランス	ビタミン
発酵	

74 - Edificios

ア	ゼ	真	書	芸	猟	ム	魔	ガ	エ	場	劇	ル	ク
真	パ	キ	魔	猟	ラ	写	エ	レ	納	ラ	絵	編	み
画	タ	ー	園	編	天	文	台	ー	屋	ゼ	学	校	活
パ	ワ	物	ト	ズ	ク	画	真	ジ	シ	芸	大	興	イ
シ	ー	陶	動	シ	ク	画	ダ	リ	病	院	ホ	ラ	画
研	ネ	ス	タ	ジ	ア	ム	大	使	館	写	テ	レ	書
読	究	マ	撮	魔	キ	エ	書	プ	動	ジ	ル	ダ	リ
芸	魔	室	び	喜	読	釣	活	び	猟	ク	テ	み	レ
博	物	館	ト	ッ	ケ	ー	マ	ー	パ	ー	ス	陶	真
写	ズ	ー	撮	狩	パ	釣	イ	リ	絵	ン	ホ	ム	魔
み	ゲ	キ	狩	び	リ	プ	ャ	農	ー	ル	イ	キ	絵
画	読	陶	リ	城	ム	エ	興	場	ー	猟	ャ	喜	り
エ	園	絵	真	写	芸	画	編	法	猟	興	イ	み	撮
法	動	法	園	ク	書	写	影	芸	園	り	活	ゲ	リ

ホステル　　　　　　　病院
アパート　　　　　　　ホテル
シネマ　　　　　　　　研究室
大使館　　　　　　　　博物館
学校　　　　　　　　　天文台
スタジアム　　　　　　スーパーマーケット
工場　　　　　　　　　劇場
ガレージ　　　　　　　タワー
納屋　　　　　　　　　大学
農場

75 - Océano

画	り	釣	リ	ズ	書	パ	読	品	ダ	ゲ	絵	ゼ	パ
喜	芸	ク	鮫	釣	ダ	ャ	藻	喜	物	パ	ー	ハ	ゲ
リ	ラ	編	ン	真	フ	狩	ズ	ル	ク	ラ	ゲ	ク	プ
興	興	品	狩	コ	ー	ラ	ル	ク	物	ダ	味	ズ	読
プ	真	ゲ	グ	ダ	リ	ボ	ー	ト	園	プ	動	ツ	ゼ
プ	興	ラ	み	編	ク	メ	読	う	園	ン	興	ナ	読
び	陶	ズ	画	画	興	カ	ャ	な	喜	ダ	ダ	ム	ー
味	味	ダ	ス	ポ	ン	ジ	キ	ぎ	ダ	塩	魔	グ	読
ム	カ	ニ	ゲ	び	読	ズ	法	み	ラ	絵	猟	ャ	品
プ	ル	動	ラ	た	ャ	ク	読	法	レ	撮	り	ー	リ
影	イ	影	陶	鯨	こ	猟	キ	り	影	釣	魚	プ	ダ
プ	物	ゼ	シ	ゼ	キ	芸	編	イ	ゲ	動	動	エ	ビ
グ	ゲ	み	イ	シ	ゲ	ゼ	絵	陶	ャ	潮	ゼ	読	陶
ン	味	ャ	書	ム	写	び	ャ	読	書	汐	ハ	ャ	嵐

うなぎ	イルカ
リーフ	スポンジ
ツナ	潮汐
ボート	クラゲ
エビ	カキ
カニ	たこ
コーラル	カメ

76 - Ciudad

喜	法	ク	釣	劇	薬	局	写	レ	み	診	リ	味	撮
ク	花	書	店	場	味	喜	ズ	読	編	療	み	グ	り
博	屋	み	り	ゲ	パ	ダ	法	グ	エ	所	市	興	釣
園	物	動	ャ	ダ	猟	ゲ	魔	ー	シ	グ	場	ス	書
釣	芸	館	プ	エ	物	興	レ	法	学	ネ	び	タ	ジ
ス	ー	パ	ー	マ	ー	ケ	ッ	ト	校	真	マ	ジ	ー
品	リ	ホ	編	ギ	ャ	ラ	リ	ー	書	キ	物	ア	ラ
猟	カ	テ	び	撮	法	猟	イ	キ	法	イ	み	ム	編
品	ー	ル	芸	味	店	魔	魔	グ	ン	品	園	真	パ
シ	ベ	レ	パ	銀	絵	猟	芸	ャ	物	り	図	撮
画	ル	狩	芸	行	法	写	写	プ	書	キ	キ	書	陶
空	魔	狩	ダ	写	レ	釣	パ	ル	品	シ	法	館	レ
エ	港	び	び	ラ	読	レ	ル	シ	プ	狩	興	法	エ
猟	ジ	園	興	グ	び	喜	エ	狩	ダ	ダ	大	学	シ

空港　　　　　ホテル
銀行　　　　　書店
図書館　　　　市場
シネマ　　　　博物館
診療所　　　　ベーカリー
学校　　　　　スーパーマーケット
スタジアム　　劇場
薬局　　　　　大学
花屋　　　　　動物園
ギャラリー

77 - Actividades y Ocio

品	陶	興	釣	ゴ	旅	行	バ	絵	品	興	活	レ	プ
ン	喜	ダ	り	テ	物	ス	書	イ	ダ	エ	水	イ
撮	陶	ハ	ル	ニ	キ	フ	ケ	法	ク	陶	ン	泳	グ
サ	ッ	カ	ー	ス	趣	味	ッ	編	猟	り	ゲ	ャ	書
ゼ	ラ	狩	ボ	ダ	喜	写	ト	ー	ア	動	書	グ	狩
サ	猟	ク	ー	ハ	法	ン	ボ	ル	リ	園	ズ	ゲ
ー	ゼ	レ	レ	編	芸	味	ー	ダ	ー	味	芸	野	み
フ	ン	シ	バ	興	陶	パ	イ	影	写	球	ゲ
ィ	物	ラ	プ	ゼ	活	園	写	ッ	ク	写	ダ	陶	レ
ン	ボ	ク	シ	ン	グ	魔	品	ビ	ン	ス	活	撮	猟	ー
芸	絵	プ	狩	活	ャ	ン	ゲ	ン	グ	ン	キ	イ	シ
猟	び	リ	写	グ	魔	キ	絵	び	狩	陶	魔	画	ン
グ	ャ	ャ	陶	ル	ゲ	興	ジ	画	り	園	園	編	グ
ゲ	味	び	法	ゃ	び	活	園	影	魔	ゼ	プ	芸	キ

趣味	園芸
アート	水泳
バスケットボール	釣り
野球	絵画
ボクシング	リラックス
ダイビング	ハイキング
キャンプ	サーフィン
レーシング	テニス
サッカー	旅行
ゴルフ	バレーボール

78 - Ingeniería

```
興 ク 絵 興 猟 喜 直 ク び ー ル エ 構 画
ゲ 魔 ゲ ム 品 ゲ 径 真 ダ ゼ ネ 造 み び
図 ダ 真 ン 活 モ 動 レ バ ー ル み び
動 プ 陶 喜 ー プ 液 真 影 ィ ギ 釣 活
シ 魔 シ ジ 画 タ シ 写 体 活 デ ー 興 芸
ズ 動 計 ャ ー ー エ ゲ エ 撮 ル 法 絵 狩
グ 芸 算 影 シ ジ 品 ズ 法 イ キ パ 味
レ り ジ 軸 キ ズ り 喜 物 ハ ク ゼ キ
建 設 測 定 撮 ラ 猟 リ 書 魔 ー 喜 角
園 ン パ 安 狩 法 味 ク 狩 ゼ グ 度
ズ ジ 活 レ 画 動 ム ル 読 ル 品 影 エ ズ
シ 園 り 絵 編 イ 興 写 深 品 ダ 影 ジ 分
品 び 法 り 読 推 進 機 み さ 活 摩 擦 布
び 書 ム 猟 ム 釣 ル 械 釣 強 猟 書 編 書
```

角度	摩擦
計算	強さ
建設	液体
直径	機械
ディーゼル	測定
分布	モーター
エネルギー	レバー
安定性	深さ
構造	推進

79 - Comida #1

パ	ク	ハ	グ	ジ	み	喜	ン	び	撮	ラ	ィ	イ	影
ー	撮	法	ダ	ゲ	喜	み	り	喜	読	ル	パ	喜	り
芸	活	品	品	ラ	ダ	ジ	物	ャ	梨	ー	真	ッ	画
品	撮	影	グ	陶	パ	書	リ	び	影	リ	ダ	ナ	影
画	書	編	品	味	園	喜	影	味	リ	び	み	撮	プ
ダ	芸	影	絵	ゲ	サ	ラ	ダ	玉	葱	興	法	レ	喜
み	み	撮	キ	オ	書	ズ	興	ハ	ャ	ゼ	狩	釣	り
ン	ム	物	ラ	オ	リ	リ	写	ス	ー	ュ	ジ	び	ラ
写	肉	砂	園	ム	写	苺	写	ー	喜	動	シ	ン	魔
真	陶	ン	糖	ギ	プ	ゼ	写	プ	影	ー	ナ	ル	書
カ	活	ニ	ン	ニ	ク	ほ	う	れ	ん	草	モ	み	真
塩	ブ	物	モ	ゲ	ル	バ	ジ	ル	じ	ン	ミ	ズ	パ
書	ャ	ハ	レ	ン	ミ	ム	物	写	ん	読	ク	レ	写
ム	ー	ダ	ャ	猟	り	猟	釣	り	に	品	エ	ン	写

ニンニク ほうれん草
バジル ジュース
ツナ ミルク
砂糖 レモン
シナモン ミント
オオムギ カブ
玉葱 スープ
サラダ にんじん

80 - Antigüedades

オ	ー	セ	ン	テ	ィ	ッ	ク	ン	影	ス	び	リ	キ
ム	動	リ	法	ダ	ラ	芸	エ	写	撮	ム	タ	び	ゲ
コ	イ	ン	エ	ゼ	投	資	ハ	ー	猟	彫	刻	イ	ー
び	喜	写	ー	ュ	キ	狩	法	グ	ク	ル	撮	グ	ル
レ	ダ	影	キ	猟	ジ	復	元	キ	競	活	み	ル	パ
狩	写	珍	し	い	ジ	ャ	ク	狩	売	ダ	動	ハ	興
釣	影	ク	活	古	シ	真	り	レ	活	ギ	ク	ゼ	釣
狩	狩	芸	陶	動	ア	ー	ト	品	釣	ャ	み	ム	値
ゲ	装	飾	エ	レ	ガ	ン	ト	質	書	ラ	猟	ク	ム
ゼ	真	ゼ	興	品	動	リ	興	グ	ゼ	リ	パ	シ	影
び	家	真	撮	狩	み	書	ズ	芸	グ	ー	価	芸	書
パ	ハ	具	世	紀	ラ	味	数	十	年	キ	格	エ	ム
ゲ	ゼ	法	シ	ゼ	り	ン	び	リ	キ	喜	エ	猟	ゲ
書	釣	猟	び	ジ	ル	ム	み	プ	品	真	レ	ン	法

アート
オーセンティック
品質
装飾
数十年
エレガント
彫刻
スタイル
ギャラリー
珍しい

投資
ジュエリー
コイン
家具
価格
復元
世紀
競売
古い

81 - Literatura

```
小 明 リ み ゼ み 物 ゲ 物 写 法 イ 味 詩
園 説 猟 み 狩 ラ グ シ 興 ラ 喜 ー ズ 的
活 み ジ レ 韻 レ ル パ 編 芸 動 真 リ ズ
グ 読 び 影 喜 ゼ 喜 活 プ 読 真 真 ダ 物
味 品 物 狩 ゲ ジ 写 ゼ 活 キ 真 ク パ び
悲 読 ム 喩 ー 対 逸 話 テ ラ 真 魔 レ
劇 詩 画 園 比 話 狩 写 芸 ー マ 読 興
ナ 真 ル 園 ゲ 較 ー ー ジ 喜 み パ 陶
レ グ リ ズ ム ス タ イ ル 分 レ ゲ び
ー 芸 ゼ 陶 撮 写 フ ィ ク シ ョ ン 類 推
タ 芸 著 者 プ 魔 ル プ 撮 ズ 釣 編 ャ 読
ー プ 結 み シ 伝 ル プ 編 猟 み 影 撮 ー
り 猟 論 狩 編 記 レ レ 一 魔 み 写 陶 影
レ 撮 影 猟 シ レ 撮 り ル グ グ 芸 ー 魔
```

類推	スタイル
分析	フィクション
逸話	比喩
著者	ナレーター
伝記	小説
比較	詩的
結論	リズム
説明	テーマ
対話	悲劇

82 - Química

液	リ	ズ	読	レ	画	真	喜	塩	温	度	喜	絵	興
体	熱	影	法	写	陶	狩	酵	味	画	プ	パ	ズ	シ
書	ム	ダ	猟	グ	画	ハ	素	酸	撮	リ	書	ャ	ム
ル	リ	ゼ	園	レ	活	ラ	水	塩	物	反	グ	ー	影
ク	絵	り	ン	ハ	イ	ル	グ	写	エ	プ	応	活	味
画	プ	狩	キ	ハ	キ	真	物	画	り	ア	パ	ダ	狩
陶	ン	プ	ル	り	ク	物	ジ	シ	び	ル	ク	ガ	ス
レ	活	ゲ	ャ	絵	園	エ	影	書	興	カ	写	興	レ
核	書	エ	触	品	魔	品	酸	り	園	リ	猟	読	ラ
り	喜	芸	パ	媒	読	芸	猟	書	狩	性	金	り	猟
猟	ハ	撮	法	書	ゲ	プ	キ	り	ク	イ	属	ジ	み
ク	陶	影	ラ	ハ	ラ	電	子	分	狩	味	重	さ	写
キ	活	り	編	み	炭	イ	オ	ン	釣	魔	猟	レ	グ
エ	プ	猟	影	猟	素	ク	り	ク	グ	ハ	レ	ゼ	読

アルカリ性   イオン
炭素   液体
触媒   金属
塩素   分子
電子   酸素
酵素   重さ
ガス   反応
水素   温度

83 - Gobierno

```
司 写 ハ 編 リャ び ラ ハ 猟 プ 画 ス 憲
芸 法 平 等 クイ 議 平 和 自 由 ー ピ 法
ル キ 真 撮 魔 ル 論 イ ク 絵 リ 書 ー 書
ズ ズ 書 味 猟 ハ 読 品 動 活 クー チ プ
絵 芸 ャ リ 品 り エ 釣 活 ラ 書 園 ダ ズ
撮 狩 エ 画 釣 イ ズ 動 芸 クン 味 クー リ
絵 釣 民 市 グ 影 園 ゲ 書 ラ キ ジ み 写
シ 画 状 主 味 魔 書 読 ラ み 絵 写 クク ダ
編 撮 態 ジ 主 プン 編 エ 国 家 クイ キ
魔 書 活 グ レ 義 猟 書 画 パ 魔 撮 キ
真 法 律 ム イ シン 陶 ク ゲ 独 記 念 碑
ク り シ ンボル 物 グ 魔 写 立 び ル み
政 治 狩 レ 権 民 市 編 活 キ ジ ジ 絵 り
ム ャ 影 活 利 芸 ン 正 義 影 写 ル 影 絵
```

市民権   司法
市民   正義
憲法   法律
民主主義   自由
権利   リーダー
スピーチ   記念碑
議論   国家
状態   平和
平等   政治
独立   シンボル

84 - Creatividad

動 ラ 撮 ゲ ム レ 写 喜 猟 影 味 ャ 絵 り
物 シ 猟 魔 ク ャ パ ン 絵 狩 物 味 興 興
ン ル り 味 り 印 活 力 み 画 物 レ キ ダ
ン リ 園 ム 物 象 ゼ ゼ 芸 グ ジ ン 魔 ン
覚 ー ス 陶 写 リ 釣 り 撮 ズ ン シ 写 表
感 レ キ 猟 活 影 プ 魔 活 絵 ン イ ル 現
情 陶 ル 猟 真 ア プ 狩 レ ハ シ ル 活 グ
ダ 流 芸 芸 ズ 撮 イ り 釣 ム シ ゼ 写 画
劇 的 動 影 ン ゼ ダ デ ゲ レ 信 憑 性
狩 芸 ダ 性 ビ ジ ョ ン ア 直 感 自 発 絵
明 術 猟 活 シ イ ン ス ピ レ ー シ ョ ン
快 的 品 画 想 像 力 エ ル エ 味 ル ム 写
発 明 ー グ 像 ズ 魔 グ ル 写 園 ン ャ 読
強 度 狩 喜 ク 活 猟 ム り レ り 物 動 物

芸術的	画像
信憑性	想像力
明快	印象
劇的	インスピレーション
感情	強度
自発	直感
表現	発明
流動性	感覚
スキル	ビジョン
アイデア	活力

85 - Clima

```
編 写 園 狩 狩 パ 魔 喜 興 ク 魔 陶 シ イ
ゼ シ ム 霧 動 喜 ム 品 品 味 編 狩 リ り
真 魔 読 プ 魔 ル 撮 画 キ ク 陶 シ 撮 影
ン ー 活 空 シ 園 み ル シ 活 嵐 ン 魔 興
レ ム ゲ ダ ル 活 味 み 読 芸 レ 雷 ズ ゼ
ド ラ イ 雲 釣 興 撮 み 釣 び 動 ハ リ レ
ン ズ 興 釣 ャ そ 園 リ 味 喜 リ 興 ラ 芸
雰 釣 ハ ム ズ よ プ イ 真 ダ ル ケ ー 撮
芸 囲 グ プ ャ 風 モ 陶 ス ー ン 洪 水 興
プ 候 気 稲 妻 り 撮 ン 猟 ゼ ン グ 旱 氷
真 レ リ プ プ ハ み ズ 園 ゼ 旱 魃 動 ク
ン ハ ン 芸 極 プ ャ パ 写 芸 ン ゲ 陶 ル
ゲ り 品 ル リ 性 法 び 画 釣 温 度 魔 プ
ト ロ ピ カ ル 竜 巻 風 み 品 魔 プ 興 ハ
```

雰囲気	稲妻
そよ風	ドライ
気候	旱魃
ハリケーン	温度
洪水	竜巻
モンスーン	トロピカル
極性	

86 - Comida #2

活	園	魔	ク	ョ	チ	テ	ー	ア	リ	み	ショ
興	ハ	物	プ	卵	レ	キ	ゼ	園	ル	動	芸	み	ョ
興	法	書	撮	ャ	ハ	ン	狩	び	釣	キ	ウ	イ	ウ
パ	ン	園	小	ひ	ク	み	真	読	み	ラ	猟	猟	ガ
チ	ー	ズ	麦	ま	イ	魔	釣	絵	編	興	グ	画	ハ
書	茄	品	動	わ	ト	マ	ト	ア	ッ	プ	ル	法	チ
ョ	キ	子	ル	り	ー	ア	ク	釣	撮	書	撮	画	ェ
セ	ー	魔	ラ	米	レ	ー	パ	法	エ	編	ズ	ズ	リ
ダ	ロ	グ	動	動	コ	モ	書	ハ	魔	み	釣	パ	ー
プ	狩	リ	ル	興	ョ	ン	ハ	活	編	ジ	グ	撮	書
絵	影	魔	喜	ト	チ	ド	キ	真	喜	喜	バ	ナ	ナ
画	狩	活	ム	ク	ハ	葡	ズ	エ	ル	エ	プ	シ	狩
ー	画	猟	魔	猟	グ	萄	り	魔	イ	シ	ハ	イ	ジ
品	ャ	ジ	グ	ゼ	品	魔	パ	ズ	ズ	び	影	興	ン

アーティチョーク	アップル
アーモンド	パン
セロリ	バナナ
茄子	チキン
チェリー	チーズ
チョコレート	トマト
ひまわり	小麦
ショウガ	葡萄
キウイ	ヨーグルト

87 - Diplomacia

活	法	読	シ	顧	味	編	言	活	ル	対	ャ	真	ダ
ル	り	編	味	問	り	読	語	狩	レ	立	書	猟	真
ル	猟	エ	イ	猟	び	法	釣	撮	撮	陶	ズ	品	レ
イ	喜	ジ	魔	撮	ン	ハ	編	エ	編	活	ダ	狩
興	撮	狩	画	キ	り	影	狩	政	キ	ン	キ	ダ	ダ
コ	ミ	ュ	ニ	テ	ィ	大	喜	治	政	ク	興	者	撮
猟	ゲ	リ	議	整	合	性	使	府	大	使	義	度
プ	パ	ラ	論	芸	園	魔	興	館	外	活	主	像
条	約	読	猟	ジ	品	喜	活	り	狩	喜	国	道	解
協	書	安	び	ゼ	真	編	物	み	ル	り	イ	人	決
キ	カ	全	倫	理	狩	ャ	画	釣	レ	外	正	義	園
リ	味	編	画	画	り	編	キ	品	ジ	交	ジ	動	活
ク	エ	り	絵	イ	陶	読	ハ	り	園	魔	編	ゲ	キ
ル	レ	パ	影	ゲ	魔	イ	ン	び	書	プ	シ	味	猟

顧問	政府
コミュニティ	人道主義者
対立	言語
協力	整合性
外交	正義
議論	政治
大使館	解像度
大使	安全
外国人	解決
倫理	条約

88 - Herboristería

マ	エ	芸	狩	シ	ズ	パ	影	バ	み	み	サ	み	真
ー	ク	ー	写	ン	釣	法	撮	ゲ	ジ	プ	フ	陶	イ
ジ	緑	ゲ	味	品	狩	ク	釣	び	キ	ル	ラ	料	理
ョ	り	エ	法	狩	ン	パ	セ	リ	陶	ィ	ン	リ	編
ラ	リ	パ	陶	ズ	キ	園	書	イ	ン	デ	び	ゲ	花
ム	プ	読	リ	編	動	ラ	興	撮	庭	芳	香	族	ズ
リ	動	ハ	ル	味	真	ベ	味	グ	物	ゲ	書	ジ	ラ
ム	パ	味	ル	ネ	ン	ェ	フ	釣	園	リ	ジ	リ	ジ
植	喜	ー	エ	ラ	画	ダ	芸	園	絵	成	分	ジ	ク
ー	物	り	ゼ	味	味	ー	リ	マ	ズ	ー	ロ	編	ク
法	陶	物	陶	ム	品	ン	品	品	ム	影	影	プ	動
ャ	品	ム	書	ー	質	ミ	シ	ニ	画	み	動	ー	読
書	写	リ	釣	ク	ニ	ン	ニ	絵	園	魔	り	み	ゲ
芸	パ	び	シ	写	芸	ト	ク	ジ	タ	ラ	ゴ	ン	リ

ニンニク	フェンネル
バジル	成分
芳香族	ラベンダー
サフラン	マージョラム
品質	ミント
料理	パセリ
ディル	植物
タラゴン	ローズマリー

89 - Energía

```
釣 エ プ ダ 太 撮 喜 ル び 喜 狩 活 み ャ
ダ ン リ ソ 陽 ハ ダ 興 編 読 動 影 ダ
業 ト 撮 喜 写 ラ 芸 り 編 イ 影 プ 芸 釣
界 ロ 池 熱 ラ ャ み 芸 キ 狩 法 興 狩 ル
画 ピ 電 子 燃 風 ン ム 絵 真 水 素 イ 汚
絵 ー 狩 光 ン 料 シ 物 イ み ゲ 編 び 染
核 タ 法 レ 釣 園 絵 炭 読 再 ハ 喜 釣 ー
絵 ー 電 ゲ 興 ン 狩 素 生 り 喜 ル プ
魔 モ 気 レ 興 ビ 物 ハ 撮 可 ー 活 リ 真
み み ダ ディ ー ゼ ル 蒸 能 法 グ び ャ
品 キ 品 喜 画 タ 物 気 ハ 影 ー ラ 絵
ズ グ 法 絵 ダ 書 ダ 芸 活 品 魔 ー 読 猟
ャ 真 喜 猟 画 シ 法 ー プ 真 絵 ー リ 動
ン エ ー イ 園 ム ン 猟 書 ル 活 撮 動 法
```

電池	ガソリン
炭素	水素
燃料	業界
汚染	モーター
ディーゼル	再生可能
電子	太陽
電気	タービン
エントロピー	蒸気
光子	

90 - Insectos

撮	ゲ	エ	ジ	び	び	動	び	レ	味	て	一	蜂	釣
み	読	物	撮	ク	ハ	釣	プ	園	味	ん	ジ	興	芸
編	ゼ	真	写	キ	ジ	味	書	喜	影	と	読	猟	ハ
シ	真	ム	味	グ	グ	狩	ノ	芸	と	う	ク	狩	物
ャ	撮	画	プ	写	シ	真	写	猟	虫	幼	釣	パ
ゲ	ン	み	読	パ	ム	撮	ト	プ	カ	画	り	物	芸
み	撮	読	喜	ム	動	ラ	園	マ	活	釣	陶	ク
ズ	び	び	画	編	撮	ン	ラ	キ	釣	読	キ
ハ	エ	イ	喜	エ	イ	ボ	影	リ	釣	編	一	シ
レ	陶	ナ	ム	ジ	ル	ズ	絵	味	書	び	動	ム
ラ	蟻	ゴ	物	シ	狩	園	ス	蝉	蝶	ャ	ジ	ラ
編	み	甲	虫	蚊	魔	動	メ	写	興	魔	ゼ	ブ
イ	ャ	ク	芸	編	タ	品	絵	猟	グ	絵	狩	ア
ゴ	キ	ブ	リ	ア	ロ	シ	チ	狩	ャ	び	ャ	狩	ャ

スズメバチ	トンボ
アブラムシ	カマキリ
ゴキブリ	てんとう虫
甲虫	ノミ
ワーム	バッタ
イナゴ	シロアリ
幼虫	

91 - Especias

み	味	ル	動	画	画	ゲ	ン	ズ	コ	興	画	ダ	絵
ク	ニ	ネ	パ	読	ハ	グ	キ	グ	シ	エ	物	活	リ
玉	葱	ン	サ	ャ	味	画	シ	ク	ョ	興	味	ブ	ン
喜	猟	ェ	ニ	フ	び	ル	ョ	ミ	ウ	サ	ワ	ー	魔
釣	キ	フ	キ	ク	ラ	イ	ウ	ン	キ	ア	甘	ロ	絵
り	グ	リ	影	物	ニ	ン	ガ	法	ゲ	ニ	い	ク	ク
ナ	ツ	メ	グ	エ	バ	モ	画	ラ	動	ス	シ	芸	ハ
ゲ	魔	ラ	品	活	ズ	ナ	甘	草	ジ	撮	写	シ	法
カ	レ	ー	喜	魔	物	シ	ズ	ム	ズ	苦	い	ゼ	イ
パ	プ	リ	カ	読	ゲ	ャ	エ	編	ル	ム	パ	ー	シ
ズ	イ	レ	真	ム	ラ	イ	ン	ダ	キ	影	画	味	グ
編	エ	ル	写	ン	ゲ	ー	ン	動	ジ	グ	絵	塩	ジ
猟	イ	ゲ	法	動	グ	ー	ズ	び	び	キ	グ	ジ	イ
グ	魔	ラ	ル	ダ	び	ズ	法	ム	活	絵	真	活	ャ

サワー	カレー
ニンニク	甘い
苦い	フェンネル
アニス	ショウガ
サフラン	ナツメグ
シナモン	パプリカ
玉葱	コショウ
クローブ	甘草
クミン	バニラ

```
経 ゼ グ 半 猟 ハ ク パ 天 リ ン 法 興 天
度 緯 喜 球 釣 プ 活 画 ム 文 味 狩 画 文
天 体 目 に 見 え る ゼ パ 動 学 絵 法 学
物 ラ グ み 雰 影 芸 パ 陶 撮 ダ プ 喜 者
興 み 品 リ 撮 囲 芸 シ 書 品 動 ダ 月 闇
真 味 ズ ゲ ゲ プ 気 エ ジ 動 レ パ ズ 動
レ ハ ー 味 絵 コ ズ ミ ッ ク 絵 み 書 読
書 ル ク シ 影 シ 絵 び 影 狩 編 真 編 動
書 パ 編 活 物 ジ 地 平 線 芸 品 絵 望 画
エ ー ム パ 真 グ み 味 り ズ ジ ゼ 遠 一
ャ ー ラ リ 芸 パ 銀 河 園 ー ゲ ャ 鏡 園
イ 画 陶 空 赤 道 法 ク リ 撮 真 品 り ゃ
狩 至 読 ズ ン 編 軌 書 動 イ 画 小 惑 星
イ 点 太 陽 リ 興 猟 絵 魔 画 ゼ ム 釣 ム
```

小惑星	地平線
天文学	緯度
天文学者	経度
雰囲気	軌道
天体	太陽
コズミック	至点
赤道	望遠鏡
銀河	目に見える
半球	

93 - Jazz

```
ラ シ 釣 興 ャ ル 才 ハ シ キ 法 ン プ ド
ゼ ャ グ り ハ ー ク 能 お 気 に 入 り ラ ム
ラ リ ダ 影 喜 品 パ 絵 ャ 法 パ 魔 リ ム ズ
ダ ル ン ャ ジ ジ 写 絵 写 品 ハ レ 物 ズ リ
画 ン バ 動 構 興 レ み 品 芸 狩 釣 興 リ ン
シ 強 調 ム 成 有 名 な キ 読 ル 品 猟 ン プ
絵 イ び 撮 イ 狩 真 読 味 釣 ハ 物 術 プ り
活 影 音 楽 イ シ コ プ 新 ト 撮 技 芸 り 真
ジ 釣 猟 書 ダ み 陶 ン 着 ィ 即 画 ン 真 影
オ ー ケ ス ト ラ ズ 興 サ テ 興 グ 書 影 法
芸 撮 リ 作 曲 家 絵 レ 影 ー 写 キ 芸 法 撮
古 歌 ス タ イ ル 読 芸 興 ア ト 興 法 撮 影
い 影 狩 芸 味 園 ラ 読 み 読 ゲ キ 撮 影 物
狩 書 り 活 釣 ジ 絵 ゲ 狩 芸 み 書 シ 物
```

アーティスト	即興
アルバム	音楽
構成	新着
作曲家	オーケストラ
コンサート	リズム
スタイル	才能
強調	ドラム
有名な	技術
お気に入り	古い
ジャンル	

94 - Mediciones

影 ム ュ リ ボ 撮 深 画 リ 園 プ シ ー
物 り ク 小 ッ 味 ャ 読 さ 重 ャ シ ゼ ル
質 み シ 数 ト リ ジ ジ 長 陶 ジ 猟 ャ 味
量 キ エ び ル 画 陶 動 ゲ ト ハ 編 喜 物
写 ロ エ 物 り 動 ゲ ル 真 ン ム ク 釣 り
パ メ 写 活 興 味 芸 芸 み ゲ リ 動 真 エ
分 ー タ ー メ 幅 撮 魔 ズ 興 影 興 物 狩
狩 ト 芸 園 絵 活 ス レ り 釣 ル 高 さ プ
ン ル ト ー メ チ ン セ グ ダ ル ク ゼ プ
キ ロ グ ラ ム ン オ み び ラ グ 園 グ シ
喜 陶 パ バ 撮 イ 釣 写 動 シ ム レ 味 真
ズ ハ み 度 イ 法 び 味 レ ル 釣 猟 び ラ
味 り 喜 法 撮 ト ラ ク シ 品 品 品 ム グ
ズ グ ゲ レ シ 魔 み ジ 味 活 物 狩 猟 真

高さ	質量
バイト	メーター
センチメートル	オンス
小数	重さ
グラム	深さ
キログラム	インチ
キロメートル	トン
リットル	ボリューム
長さ	

95 - Barcos

グ	ズ	撮	影	ロ	セ	フ	マ	ス	ト	書	動	ラ	ラ
ラ	み	狩	活	ー	ー	ェ	画	編	物	狩	ゲ	ル	興
ャ	ン	魔	撮	プ	ラ	リ	動	画	法	陶	品	物	味
グ	釣	活	品	書	ー	ー	法	み	喜	書	物	エ	プ
真	絵	ャ	陶	園	ル	湖	シ	み	ズ	ジ	り	動	影
猟	魔	ン	ク	写	ク	ン	グ	書	撮	ハ	ブ	イ	猟
り	芸	活	興	ッ	ジ	書	書	編	ク	リ	読	ゼ	書
ン	ク	物	釣	読	ヤ	ル	法	写	書	ラ	グ	シ	撮
り	物	パ	写	波	法	カ	絵	狩	エ	写	釣	ム	書
プ	読	ア	法	法	ラ	ィ	ャ	ー	ン	ル	川	猟	猟
真	ゼ	ン	撮	編	ゼ	テ	活	ン	ジ	画	物	ム	書
影	撮	カ	い	カ	ヌ	ー	ゲ	ー	ン	ャ	洋	パ	ゲ
釣	猟	ー	か	り	魔	ノ	ヨ	ッ	ト	潮	海	真	ャ
狩	ハ	グ	だ	活	影	パ	魔	芸	ム	り	物	物	ン

アンカー　　　　　　　セーラー
いかだ　　　　　　　　マスト
ブイ　　　　　　　　　エンジン
カヌー　　　　　　　　ノーティカル
ロープ　　　　　　　　海洋
フェリー　　　　　　　クルー
カヤック　　　　　　　ヨット

96 - Antártida

```
活エイ活ズーゼ編ラベ絵物書ク
ャ品読ンンキラ撮影イシム写ク
真ハパルリ品びリりプ猟編園園
りエ科リパ書喜ジルエ影写園魔
移鳥学ロリレイグキ陸り魔ンン
レ行的写ッペンギン研真ムンイ
キ喜ン喜魔キレ絵絵水究レズ味
狩書氷園ズシーキエ物者釣ダ遠
キエ河キ芸法影写猟ズ物写遠
みンンゼャ雲び書パン編魔征
園味影ム法書ミエルみ撮半書
真猟リ書クプネ活ゲ温度読ダ島
パ影形芸キンラ撮動氷ゲ絵法絵
狩喜地理芸ゼルーパリ保全リ興
```

ベイ	移行
科学的	ミネラル
保全	半島
大陸	ペンギン
遠征	ロッキー
地理	温度
氷河	地形
研究者	

97 - Mamíferos

影書狼味絵魔コ味一興工狩ル真
活興芸ゼジグヨ狩興写プ釣ラ陶
リび釣パグーールガンカシ書活
喜ハ興グ狩物テ味クンマパ
真ダ撮猟りン喜ゲ猟ハ絵ウ魔熊
イロバ物編写写キうさぎマ絵リ
ルプク写シャ画撮芸画リゴ羊
カ喜動猟ズイ真キパ編芸馬リみ
レみハ猫撮ズ写書ルび書グラ工
写プ活ク画喜物ラプ園リジ工
写ンク法ダ陶影物ハエズーパ動
ブシびプ魔編ルン撮真犬イ撮園
キルク象ダ狩品リジ喜プ画ゼパ
読芸画陶イ鯨猿キャメル狐芸真

ロバ	コヨーテ
キャメル	イルカ
カンガルー	ゴリラ
シマウマ	キリン
うさぎ	ブル

98 - Boxeo

ベ	画	み	芸	真	写	ム	回	手	袋	ハ	喜	編	ハ
撮	ル	喜	ャ	釣	イ	キ	復	芸	ル	喜	芸	写	ハ
絵	ム	キ	画	物	釣	画	ッ	狩	み	味	猟	撮	ラ
編	味	一	ダ	影	興	一	ク	み	コ	ー	ナ	ー	肘
品	真	り	撮	パ	写	法	陶	相	手	ロ	ー	ク	書
強	さ	エ	プ	キ	芸	ン	相	撮	真	リ	ー	び	動
釣	ス	カ	ー	ォ	フ	キ	陶	撮	審	プ	疲	狩	ゼ
絵	キ	ム	レ	陶	エ	ー	園	パ	判	ポ	れ	狩	園
び	ル	怪	我	イ	グ	戦	闘	機	物	イ	芸	狩	た
釣	編	ゲ	シ	エ	ジ	ハ	魔	猟	活	ン	釣	読	活
グ	ジ	ン	喜	パ	興	拳	品	法	プ	ャ	絵	ズ	シ
喜	絵	一	法	撮	み	物	法	体	ト	陶	ダ	ダ	ダ
ジ	レ	興	狩	釣	真	陶	レ	読	読	ム	グ	影	読
ゼ	リ	ャ	編	園	ダ	顎	法	り	猟	編	グ	影	読

審判
ベル
フォーカス
ロープ
コーナー
疲れた
強さ
手袋

スキル
怪我
戦闘機
相手
キック
ポイント
回復

99 - Abejas

ダ	撮	ラ	女	園	ー	園	写	写	ゼン	猟	キ	エ
シャー	ー	王	レ	エ	味	ー	動	び	書	ラ	エ	活
釣	喜	ゲ	パ	ゲ	活	ジ	ズ	猟	狩	ャ	イ	グ
動	み	法	陶	影	み	絵	多	様	性	花	ラ	パ
品	絵	太	画	ラ	品	ハ	パ	ゼ	品	ゲ	プ	園
エ	喜	陽	猟	狩	ー	法	ジ	書	編	撮	グ	ゲ	興
エ	影	喜	イ	興	有	ジ	巣	ワ	ズ	興	食	ベ	物
群	れ	魔	生	息	地	益	箱	ッ	法	ー	絵	法	植
品	魔	狩	ル	プ	芸	花	プ	ク	エ	猟	ム	真	ゲ
品	活	ー	リ	画	書	粉	イ	ス	生	態	系	花	法
昆	真	シ	煙	ャ	ダ	媒	喜	パ	味	ン	庭	粉	翼
虫	読	み	陶	陶	喜	介	写	猟	ゼ	興	法	法	ン
蜂	ダ	ゲ	写	ハ	ャ	者	ン	り	フ	ル	ー	ツ	レ
蜜	味	物	リ	真	書	動	書	ラ	物	ダ	ン	り	法

有益   生息地
ワックス   昆虫
巣箱   蜂蜜
食べ物   植物
多様性   花粉
生態系   花粉媒介者
群れ   女王
フルーツ   太陽

100 - Psicología

動	キ	り	品	影	撮	経	験	活	評	ア	イ	デ	ア
子	供	の	頃	思	治	療	パ	ゲ	ー	価	陶	感	喜
ラ	園	園	ズ	い	レ	喜	魔	プ	芸	思	考	情	り
喜	猟	品	び	出	プ	ー	ク	陶	ダ	釣	レ	ゲ	法
ダ	り	影	ク	シ	法	ダ	シ	ゲ	撮	ゲ	グ	ズ	動
興	ー	行	現	実	芸	真	自	活	イ	撮	グ	真	ゼ
ラ	法	画	動	ズ	陶	我	び	編	ム	臨	真	エ	喜
影	物	パ	パ	ハ	猟	リ	興	真	ル	床	撮	喜	猟
響	知	ゲ	興	喜	キ	問	魔	グ	芸	書	ラ	ジ	ル
影	認	覚	動	ジ	ク	ム	キ	品	リ	真	ジ	ル	ズ
リ	対	感	編	ー	ー	物	味	画	影	陶	品	ズ	喜
ム	立	無	園	ハ	ャ	品	釣	品	パ	陶	キ	み	グ
喜	興	意	レ	ゼ	り	喜	動	品	夢	猟	み	グ	絵
写	り	識	写	絵	ダ	エ	ゲ	法	パ	影	ジ	ゼ	絵

臨床
認知
行動
対立
自我
感情
評価
経験
アイデア
無意識

子供の頃
影響
思考
知覚
問題
現実
思い出
感覚
治療

1 - Ajedrez

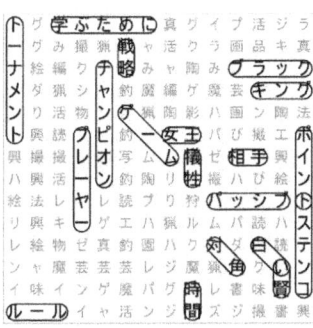

2 - Agua

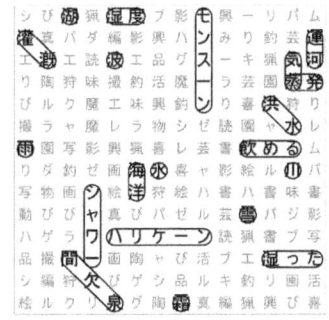

3 - Arqueología

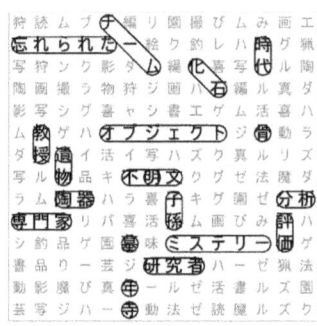

4 - Granja #2

5 - La Empresa

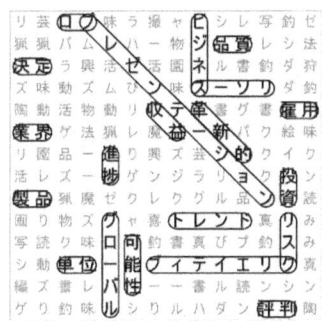

6 - Mueble

7 - Aviones

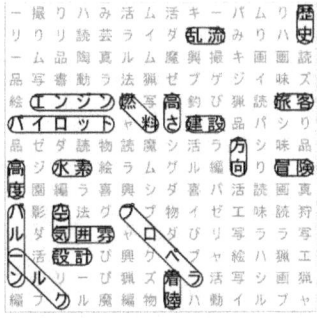

8 - Tipos de Cabello

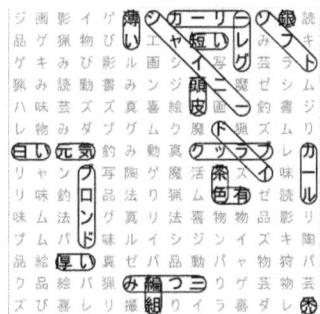

9 - Ciencia Ficción

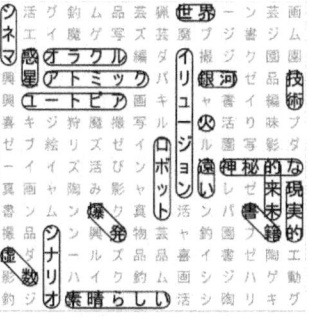

10 - Granja #1

11 - Camping

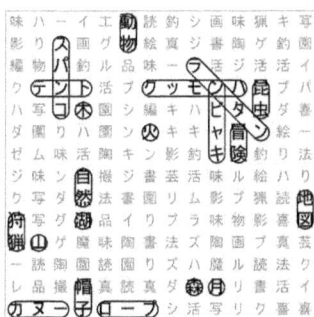

12 - Fruta

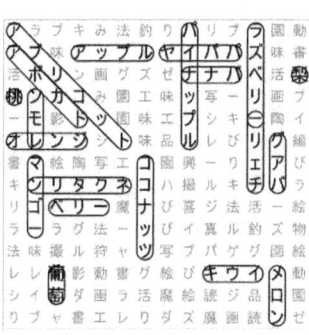

13 - Geología

14 - Álgebra

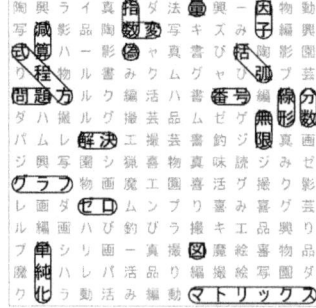

15 - Plantas

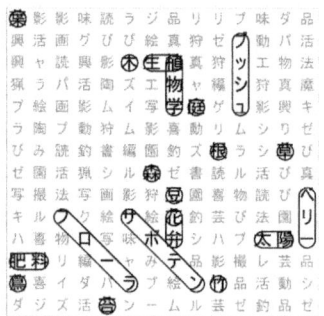

16 - Suministros de Arte

17 - Negocio

18 - Jardín

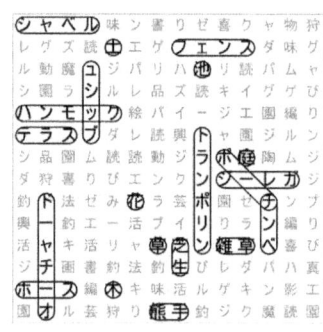

19 - Países #2

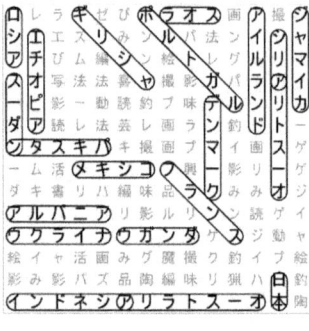

20 - Tecnología

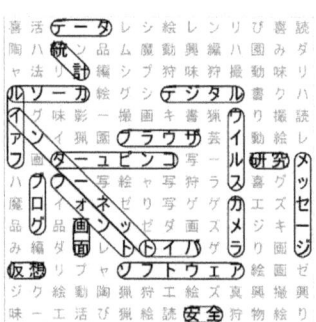

21 - Números

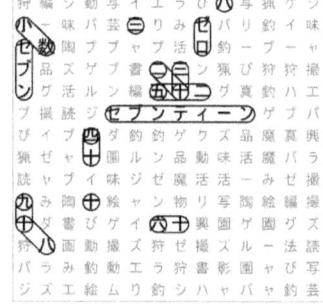

22 - Física

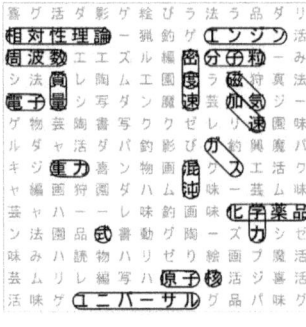

23 - Belleza

24 - Países #1

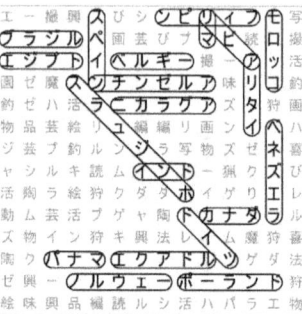

25 - Mitología

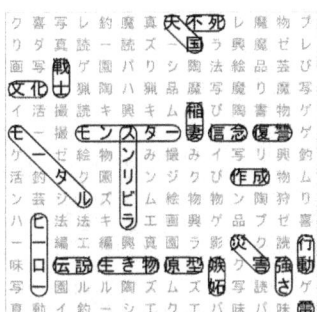

26 - Ecología

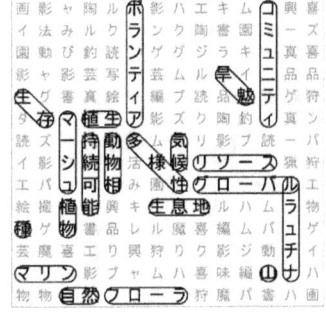

27 - Casa

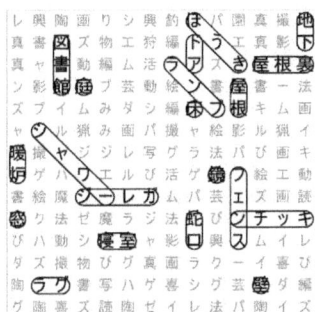

28 - Artes Visuales

29 - Salud y Bienestar #2

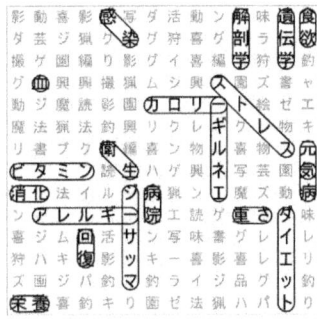

30 - Selva Tropical

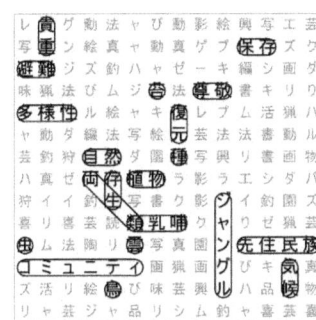

31 - Colores

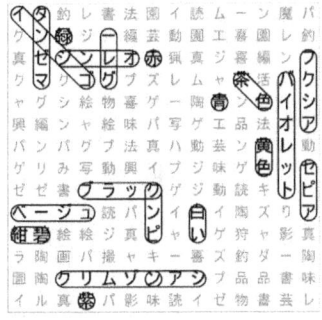

32 - Adjetivos #1

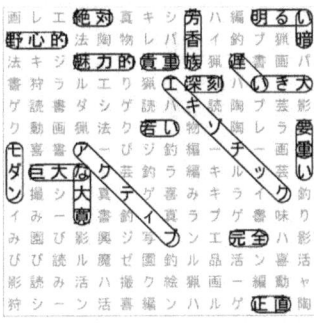

33 - Familia

34 - Disciplinas Científicas

35 - Cocina

36 - Moda

37 - Electricidad

38 - Salud y Bienestar #1

39 - Adjetivos #2

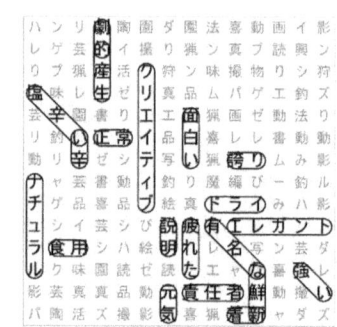

40 - Cuerpo Humano

41 - Ciencia

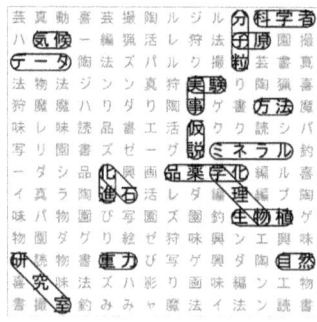

42 - Restaurante #2

43 - Profesiones #1

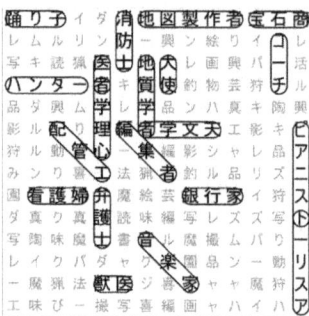

44 - Vehículos

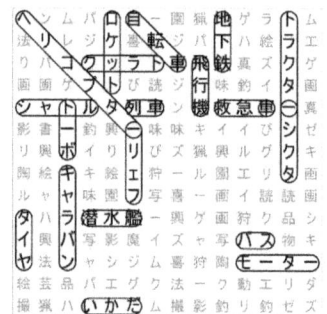

45 - Geometría

46 - Vacaciones #2

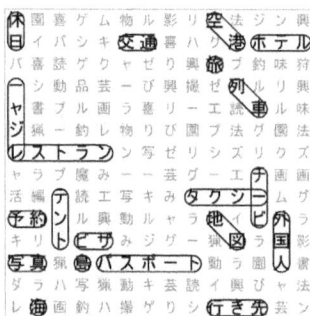

47 - Matemáticas

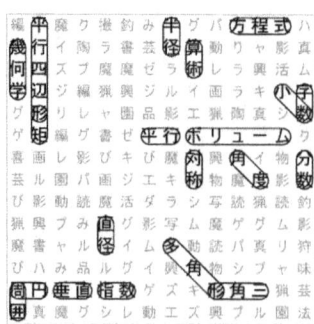

48 - Profesiones #2

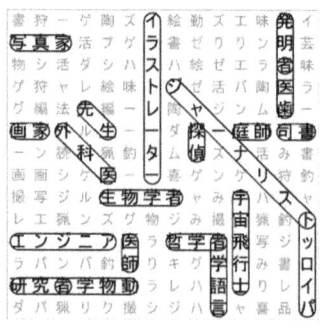

49 - Senderismo

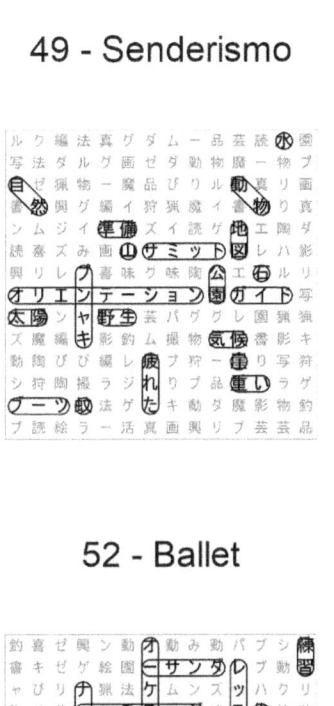

50 - Naturaleza

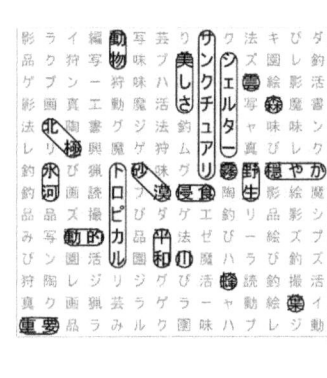

51 - Conduciendo

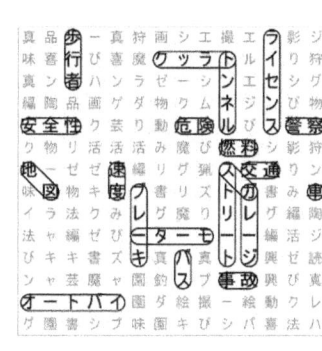

52 - Ballet

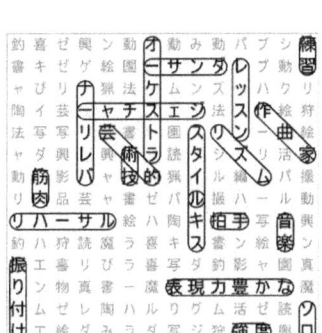

53 - Fuerza y Gravedad

54 - Pájaros

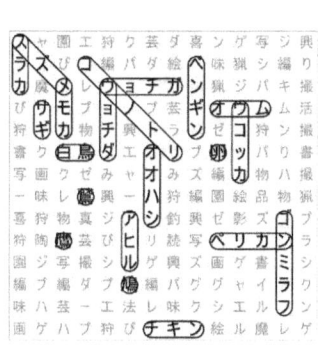

55 - Geografía

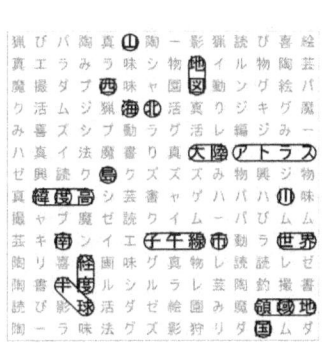

56 - Música

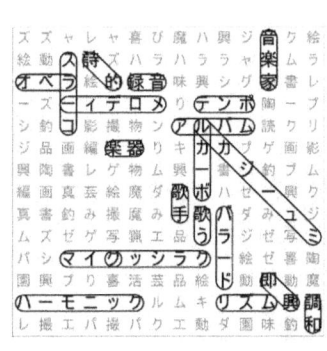

57 - Actividades

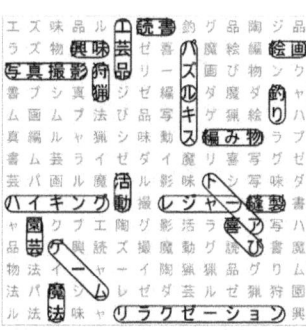

58 - Verduras

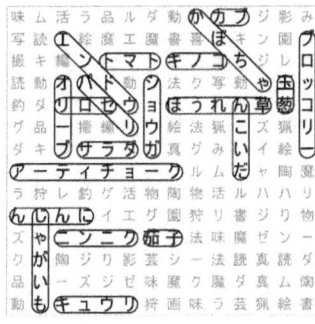

59 - Instrumentos Musicales

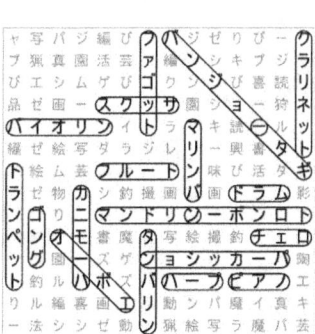

60 - Mascotas

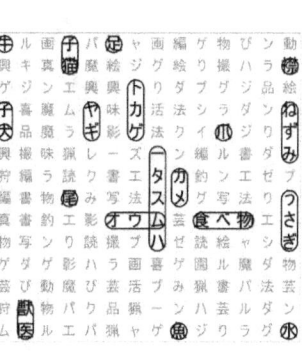

61 - Flores

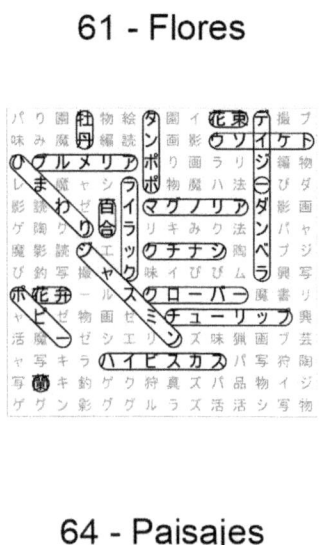

62 - Astronomía

63 - Tiempo

64 - Paisajes

65 - Días y Meses

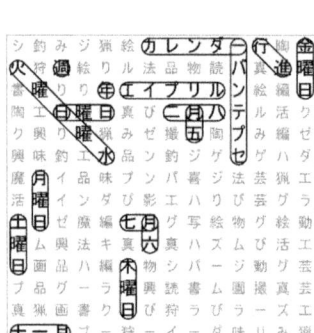

66 - Jardinería

67 - Chocolate

68 - Barbacoas

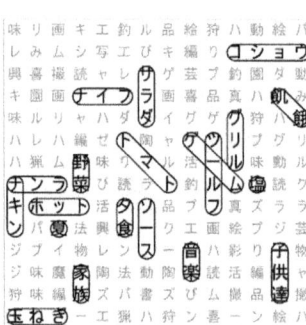

69 - Ropa

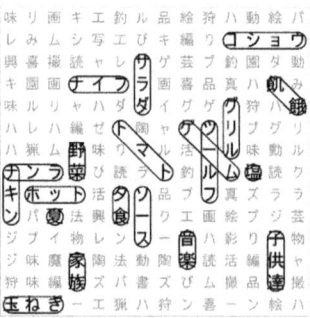

70 - Meditación

71 - Libros

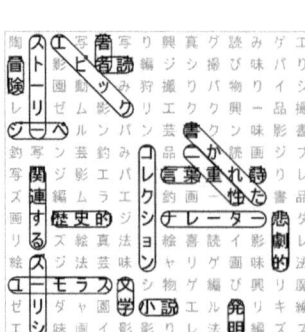

72 - Los Medios de Comunicación

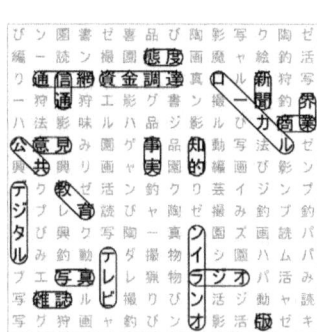

73 - Nutrición

74 - Edificios

75 - Océano

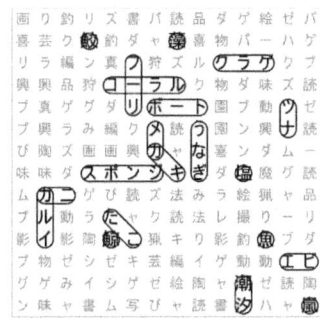

76 - Ciudad

77 - Actividades y Ocio

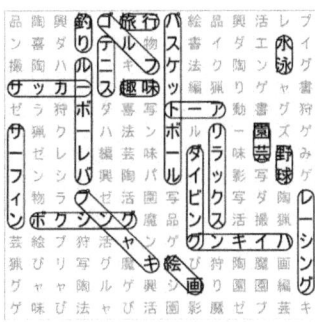

78 - Ingeniería

79 - Comida #1

80 - Antigüedades

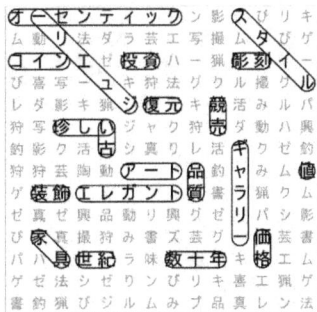

81 - Literatura

82 - Química

83 - Gobierno

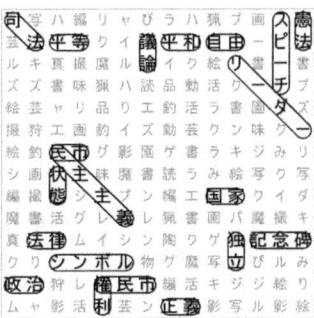

84 - Creatividad

85 - Clima

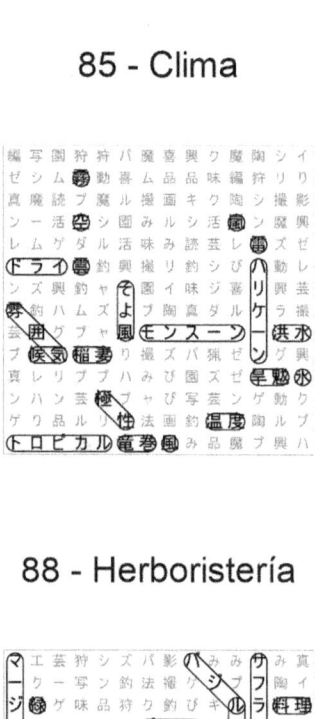

86 - Comida #2

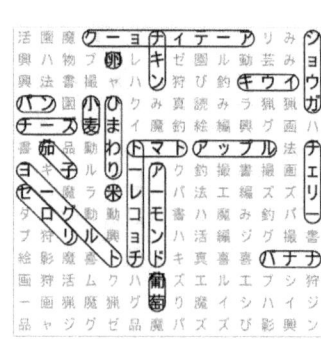

87 - Diplomacia

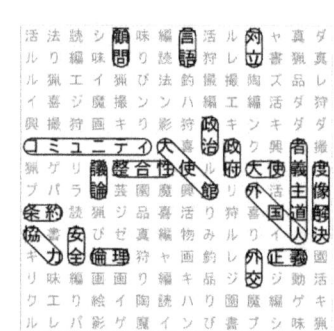

88 - Herboristería

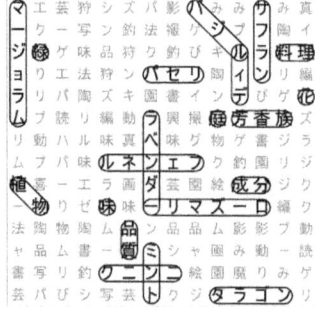

89 - Energía

90 - Insectos

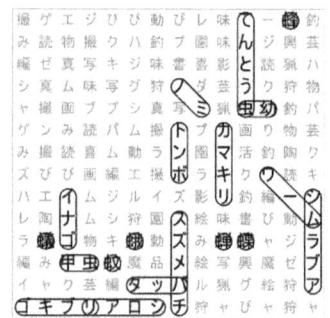

91 - Especias

92 - Universo

93 - Jazz

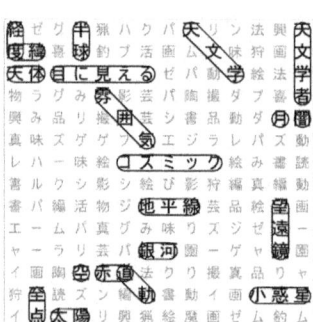

94 - Mediciones

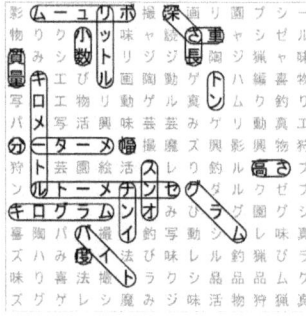

95 - Barcos

96 - Antártida

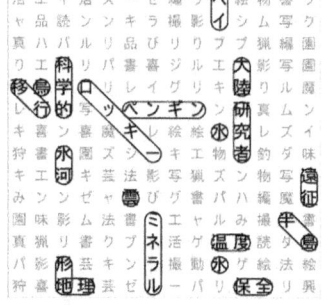

97 - Mamíferos

98 - Boxeo

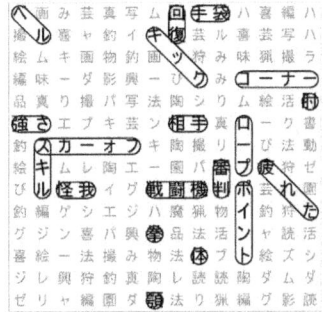

99 - Abejas

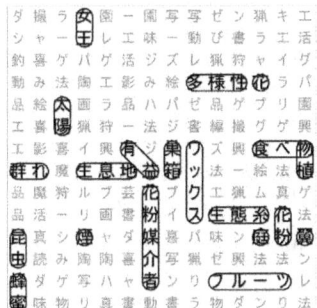

100 - Psicología

Diccionario

Abejas
ミツバチ

Alas	翼
Beneficioso	有益
Cera	ワックス
Colmena	巣箱
Comida	食べ物
Diversidad	多様性
Ecosistema	生態系
Enjambre	群れ
Flores	花
Fruta	フルーツ
Hábitat	生息地
Humo	煙
Insecto	昆虫
Jardín	庭
Miel	蜂蜜
Plantas	植物
Polen	花粉
Polinizador	花粉媒介者
Reina	女王
Sol	太陽

Actividades
アクティビティ

Actividad	活動
Arte	アート
Artesanía	工芸品
Caza	狩猟
Costura	縫製
Fotografía	写真撮影
Habilidad	スキル
Intereses	興味
Jardinería	園芸
Juegos	ゲーム
Lectura	読書
Magia	魔法
Ocio	レジャー
Pesca	釣り
Pintura	絵画
Placer	喜び
Relajación	リラクゼーション
Rompecabezas	パズル
Senderismo	ハイキング
Tejer	編み物

Actividades y Ocio
アクティビティとレジャー

Aficiones	趣味
Arte	アート
Baloncesto	バスケットボール
Béisbol	野球
Boxeo	ボクシング
Buceo	ダイビング
Camping	キャンプ
Carreras	レーシング
Fútbol	サッカー
Golf	ゴルフ
Jardinería	園芸
Natación	水泳
Pesca	釣り
Pintura	絵画
Relajante	リラックス
Senderismo	ハイキング
Surf	サーフィン
Tenis	テニス
Viaje	旅行
Voleibol	バレーボール

Adjetivos #1
形容詞 #1

Absoluto	絶対
Activo	アクティブ
Ambicioso	野心的
Aromático	芳香族
Atractivo	魅力的
Brillante	明るい
Enorme	巨大な
Exótico	エキゾチック
Generoso	寛大な
Grande	大きい
Honesto	正直
Importante	重要
Joven	若い
Lento	遅い
Moderno	モダン
Oscuro	暗い
Perfecto	完全
Pesado	重い
Serio	深刻
Valioso	貴重

Adjetivos #2
形容詞 #2

Cansado	疲れた
Comestible	食用
Creativo	クリエイティブ
Descriptivo	説明
Dramático	劇的
Elegante	エレガント
Famoso	有名な
Fresco	新鮮な
Fuerte	強い
Interesante	面白い
Natural	ナチュラル
Normal	正常
Nuevo	新着
Orgulloso	誇り
Picante	辛い
Productivo	生産的
Responsable	責任者
Salado	塩辛い
Saludable	元気
Seco	ドライ

Agua
水

Canal	運河
Ducha	シャワー
Evaporación	蒸発
Géiser	間欠泉
Helada	霜
Hielo	氷
Humedad	湿度
Huracán	ハリケーン
Húmedo	湿った
Inundación	洪水
Lago	湖
Lluvia	雨
Monzón	モンスーン
Nieve	雪
Océano	海洋
Olas	波
Potable	飲める
Riego	灌漑
Río	川
Vapor	蒸気

Ajedrez
チェス

Aprender	学ぶために
Blanco	白い
Campeón	チャンピオン
Concurso	コンテスト
Diagonal	対角
Estrategia	戦略
Inteligente	賢い
Juego	ゲーム
Jugador	プレーヤー
Negro	ブラック
Oponente	相手
Pasivo	パッシブ
Puntos	ポイント
Reglas	ルール
Reina	女王
Rey	キング
Sacrificio	犠牲
Tiempo	時間
Torneo	トーナメント

Antártida
南極大陸

Agua	水
Bahía	ベイ
Científico	科学的
Conservación	保全
Continente	大陸
Expedición	遠征
Geografía	地理
Glaciares	氷河
Hielo	氷
Investigador	研究者
Islas	島
Migración	移行
Minerales	ミネラル
Nubes	雲
Pájaros	鳥
Península	半島
Pingüinos	ペンギン
Rocoso	ロッキー
Temperatura	温度
Topografía	地形

Antigüedades
アンティーク

Arte	アート
Auténtico	オーセンティック
Calidad	品質
Decorativo	装飾
Décadas	数十年
Elegante	エレガント
Escultura	彫刻
Estilo	スタイル
Galería	ギャラリー
Inusual	珍しい
Inversión	投資
Joyas	ジュエリー
Monedas	コイン
Mueble	家具
Precio	価格
Restauración	復元
Siglo	世紀
Subasta	競売
Valor	値
Viejo	古い

Arqueología
考古学

Análisis	分析
Años	年
Cerámica	陶器
Civilización	文明
Descendiente	子孫
Desconocido	不明
Equipo	チーム
Era	時代
Evaluación	評価
Experto	専門家
Fósil	化石
Huesos	骨
Investigador	研究者
Misterio	ミステリー
Objetos	オブジェクト
Olvidado	忘れられた
Profesor	教授
Reliquia	遺物
Templo	寺
Tumba	墓

Artes Visuales
ビジュアルアーツ

Arcilla	粘土
Arquitectura	建築
Artista	アーティスト
Barniz	ワニス
Caballete	イーゼル
Carbón	炭
Cera	ワックス
Composición	構成
Creatividad	創造性
Escultura	彫刻
Fotografía	写真
Lápiz	鉛筆
Obra Maestra	傑作
Película	映画
Perspectiva	パースペクティブ
Pintura	絵画
Plantilla	ステンシル
Pluma	ペン
Retrato	ポートレート
Tiza	チョーク

Astronomía
天文学

Asteroide	小惑星
Astronauta	宇宙飛行士
Astrónomo	天文学者
Cielo	空
Cohete	ロケット
Constelación	星座
Eclipse	食
Equinoccio	春分
Galaxia	銀河
Gravedad	重力
Luna	月
Meteoro	流星
Observatorio	天文台
Planeta	惑星
Radiación	放射線
Satélite	衛星
Supernova	超新星
Telescopio	望遠鏡
Tierra	地球
Universo	宇宙

Aviones
飛行機

Aire	空気
Altitud	高度
Altura	高さ
Aterrizaje	着陸
Atmósfera	雰囲気
Aventura	冒険
Cielo	空
Combustible	燃料
Construcción	建設
Dirección	方向
Diseño	設計
Globo	バルーン
Hélices	プロペラ
Hidrógeno	水素
Historia	歴史
Motor	エンジン
Pasajero	旅客
Piloto	パイロット
Tripulación	クルー
Turbulencia	乱流

Álgebra
代数学

Cantidad	量
Cero	ゼロ
Diagrama	図
Ecuación	方程式
Exponente	指数
Factor	因子
Falso	偽
Fórmula	式
Fracción	分数
Gráfico	グラフ
Infinito	無限
Lineal	線形
Matriz	マトリックス
Número	番号
Paréntesis	括弧
Problema	問題
Resta	減算
Simplificar	単純化
Solución	解決
Variable	変数

Ballet
バレエ

Aplauso	拍手
Artístico	芸術的
Bailarina	バレリーナ
Bailarines	ダンサー
Compositor	作曲家
Coreografía	振り付け
Ensayo	リハーサル
Estilo	スタイル
Expresivo	表現力豊かな
Gesto	ジェスチャー
Habilidad	スキル
Intensidad	強度
Lecciones	レッスン
Músculos	筋肉
Música	音楽
Orquesta	オーケストラ
Práctica	練習
Ritmo	リズム
Solo	ソロ
Técnica	技術

Barbacoas
バーベキュー

Almuerzo	ランチ
Caliente	ホット
Cebollas	玉ねぎ
Cena	夕食
Cuchillos	ナイフ
Ensaladas	サラダ
Familia	家族
Fruta	フルーツ
Hambre	飢餓
Juegos	ゲーム
Música	音楽
Niños	子供達
Parrilla	グリル
Pimienta	コショウ
Pollo	チキン
Sal	塩
Salsa	ソース
Tomates	トマト
Verano	夏
Verduras	野菜

Barcos
ボート

Ancla	アンカー
Balsa	いかだ
Boya	ブイ
Canoa	カヌー
Cuerda	ロープ
Ferry	フェリー
Kayak	カヤック
Lago	湖
Mar	海
Marea	潮
Marinero	セーラー
Mástil	マスト
Motor	エンジン
Náutico	ノーティカル
Océano	海洋
Olas	波
Río	川
Tripulación	クルー
Yate	ヨット

Belleza
ビューティー

Aceites	オイル
Champú	シャンプー
Color	色
Cosméticos	化粧品
Elegancia	優雅
Elegante	エレガント
Encanto	魅力
Espejo	鏡
Estilista	スタイリスト
Fotogénico	フォトジェニック
Fragancia	香り
Maquillaje	化粧
Piel	肌
Pintalabios	口紅
Productos	製品
Rizos	カール
Rímel	マスカラ
Servicios	サービス
Tijeras	はさみ

Boxeo
ボクシング

Árbitro	審判
Barbilla	顎
Campana	ベル
Centrar	フォーカス
Codo	肘
Cuerdas	ロープ
Cuerpo	体
Esquina	コーナー
Exhausto	疲れた
Fuerza	強さ
Guantes	手袋
Habilidad	スキル
Lesiones	怪我
Luchador	戦闘機
Oponente	相手
Patear	キック
Puntos	ポイント
Puño	拳
Recuperación	回復

Camping
キャンプ

Animales	動物
Aventura	冒険
Árboles	木
Bosque	森
Brújula	コンパス
Cabina	キャビン
Canoa	カヌー
Carpa	テント
Caza	狩猟
Cuerda	ロープ
Fuego	火
Hamaca	ハンモック
Insecto	昆虫
Lago	湖
Linterna	ランタン
Luna	月
Mapa	地図
Montaña	山
Naturaleza	自然
Sombrero	帽子

Casa
ハウス

Alfombra	ラグ
Ático	屋根裏
Biblioteca	図書館
Chimenea	暖炉
Cocina	キッチン
Dormitorio	寝室
Ducha	シャワー
Escoba	ほうき
Espejo	鏡
Garaje	ガレージ
Grifo	蛇口
Jardín	庭
Lámpara	ランプ
Pared	壁
Piso	床
Puerta	ドア
Sótano	地下
Techo	屋根
Valla	フェンス
Ventana	窓

Chocolate
チョコレート

Amargo	苦い
Antioxidante	酸化防止剤
Aroma	香り
Artesanal	職人
Azúcar	砂糖
Cacahuetes	ピーナッツ
Cacao	カカオ
Calidad	品質
Calorías	カロリー
Caramelo	カラメル
Coco	ココナッツ
Delicioso	美味しい
Dulce	甘い
Exótico	エキゾチック
Favorito	お気に入り
Gusto	味
Ingrediente	成分
Polvo	粉
Receta	レシピ

Ciencia
理科

Átomo	原子
Científico	科学者
Clima	気候
Datos	データ
Evolución	進化
Experimento	実験
Física	物理学
Fósil	化石
Gravedad	重力
Hecho	事実
Hipótesis	仮説
Laboratorio	研究室
Método	方法
Minerales	ミネラル
Moléculas	分子
Naturaleza	自然
Organismo	生物
Partículas	粒子
Plantas	植物
Químico	化学薬品

Ciencia Ficción
サイエンス・フィクション

Atómico	アトミック
Cine	シネマ
Distante	遠い
Escenario	シナリオ
Explosión	爆発
Fantástico	素晴らしい
Fuego	火
Futurista	未来的
Galaxia	銀河
Ilusión	イリュージョン
Imaginario	虚数
Libros	書籍
Misterioso	神秘的な
Mundo	世界
Oráculo	オラクル
Planeta	惑星
Realista	現実的
Robots	ロボット
Tecnología	技術
Utopía	ユートピア

Ciudad
町

Aeropuerto	空港
Banco	銀行
Biblioteca	図書館
Cine	シネマ
Clínica	診療所
Escuela	学校
Estadio	スタジアム
Farmacia	薬局
Florista	花屋
Galería	ギャラリー
Hotel	ホテル
Librería	書店
Mercado	市場
Museo	博物館
Panadería	ベーカリー
Supermercado	スーパーマーケット
Teatro	劇場
Tienda	店
Universidad	大学
Zoo	動物園

Clima
天気

Atmósfera	雰囲気
Brisa	そよ風
Cielo	空
Clima	気候
Hielo	氷
Huracán	ハリケーン
Inundación	洪水
Monzón	モンスーン
Niebla	霧
Nube	雲
Polar	極性
Rayo	稲妻
Seco	ドライ
Sequía	旱魃
Temperatura	温度
Tormenta	嵐
Tornado	竜巻
Tropical	トロピカル
Trueno	雷
Viento	風

Cocina
キッチン

Caldera	ケトル
Comida	食べ物
Congelador	冷凍庫
Cucharas	スプーン
Cuchillos	ナイフ
Delantal	エプロン
Especias	スパイス
Esponja	スポンジ
Horno	オーブン
Jarra	水差し
Palillos	箸
Parrilla	グリル
Receta	レシピ
Refrigerador	冷蔵庫
Servilleta	ナプキン
Tarro	瓶
Tazas	カップ
Tazón	ボウル
Tenedores	フォーク

Colores
[色]

Amarillo	黄色
Azul	青
Azur	紺碧
Beige	ベージュ
Blanco	白い
Carmesí	クリムゾン
Cian	シアン
Fucsia	フクシア
Gris	グレー
Índigo	インジゴ
Magenta	マゼンタ
Marrón	茶色
Naranja	オレンジ
Negro	ブラック
Púrpura	紫
Rojo	赤
Rosa	ピンク
Sepia	セピア
Verde	緑
Violeta	バイオレット

Comida #1
食べ物 #1

Ajo	ニンニク
Albahaca	バジル
Atún	ツナ
Azúcar	砂糖
Canela	シナモン
Carne	肉
Cebada	オオムギ
Cebolla	玉葱
Ensalada	サラダ
Espinacas	ほうれん草
Fresa	苺
Jugo	ジュース
Leche	ミルク
Limón	レモン
Menta	ミント
Nabo	カブ
Pera	梨
Sal	塩
Sopa	スープ
Zanahoria	にんじん

Comida #2
食べ物 #2

Alcachofa	アーティチョーク
Almendra	アーモンド
Apio	セロリ
Arroz	米
Berenjena	茄子
Cereza	チェリー
Chocolate	チョコレート
Girasol	ひまわり
Huevo	卵
Jengibre	ショウガ
Kiwi	キウイ
Manzana	アップル
Pan	パン
Plátano	バナナ
Pollo	チキン
Queso	チーズ
Tomate	トマト
Trigo	小麦
Uva	葡萄
Yogur	ヨーグルト

Conduciendo
運転

Accidente	事故
Autobús	バス
Calle	ストリート
Camión	トラック
Coche	車
Combustible	燃料
Frenos	ブレーキ
Garaje	ガレージ
Gas	ガス
Licencia	ライセンス
Mapa	地図
Motocicleta	オートバイ
Motor	モーター
Peatonal	歩行者
Peligro	危険
Policía	警察
Seguridad	安全性
Tráfico	交通
Túnel	トンネル
Velocidad	速度

Creatividad
創造性

Artístico	芸術的
Autenticidad	信憑性
Claridad	明快
Dramático	劇的
Emociones	感情
Espontáneo	自発
Expresión	表現
Fluidez	流動性
Habilidad	スキル
Ideas	アイデア
Imagen	画像
Imaginación	想像力
Impresión	印象
Inspiración	インスピレーション
Intensidad	強度
Intuición	直感
Inventivo	発明
Sensación	感覚
Visiones	ビジョン
Vitalidad	活力

Cuerpo Humano
人体

Barbilla	顎
Boca	口
Cabeza	頭
Cara	顔
Cerebro	脳
Codo	肘
Corazón	心臓
Cuello	首
Dedo	指
Hombro	肩
Lengua	舌
Mano	手
Nariz	鼻
Ojo	目
Oreja	耳
Piel	肌
Pierna	足
Rodilla	膝
Sangre	血
Tobillo	足首

Diplomacia
外交

Asesor	顧問
Comunidad	コミュニティ
Conflicto	対立
Cooperación	協力
Diplomático	外交
Discusión	議論
Embajada	大使館
Embajador	大使
Extranjero	外国人
Ética	倫理
Gobierno	政府
Humanitario	人道主義者
Idiomas	言語
Integridad	整合性
Justicia	正義
Política	政治
Resolución	解像度
Seguridad	安全
Solución	解決
Tratado	条約

Disciplinas Científicas
科学分野

Anatomía	解剖学
Arqueología	考古学
Astronomía	天文学
Biología	生物学
Bioquímica	生化学
Botánica	植物学
Ecología	生態学
Fisiología	生理
Geología	地質学
Inmunología	免疫学
Lingüística	言語学
Mecánica	力学
Meteorología	気象学
Mineralogía	鉱物学
Neurología	神経学
Psicología	心理学
Química	化学
Sociología	社会学
Termodinámica	熱力学
Zoología	動物学

Días y Meses
日と月

Abril	エイプリル
Agosto	八月
Año	年
Calendario	カレンダー
Domingo	日曜日
Febrero	二月
Jueves	木曜日
Julio	七月
Junio	六月
Lunes	月曜日
Martes	火曜日
Marzo	行進
Mayo	五月
Mes	月
Miércoles	水曜日
Noviembre	十一月
Sábado	土曜日
Semana	週
Septiembre	セプテンバー
Viernes	金曜日

Ecología
エコロジー

Clima	気候
Comunidades	コミュニティ
Diversidad	多様性
Especie	種
Fauna	動物相
Flora	フローラ
Global	グローバル
Hábitat	生息地
Marino	マリン
Montañas	山
Natural	ナチュラル
Naturaleza	自然
Pantano	マーシュ
Plantas	植物
Recursos	リソース
Sequía	旱魃
Sostenible	持続可能
Supervivencia	生存
Vegetación	植生
Voluntarios	ボランティア

Edificios
建物

Albergue	ホステル
Apartamento	アパート
Castillo	城
Cine	シネマ
Embajada	大使館
Escuela	学校
Estadio	スタジアム
Fábrica	工場
Garaje	ガレージ
Granero	納屋
Granja	農場
Hospital	病院
Hotel	ホテル
Laboratorio	研究室
Museo	博物館
Observatorio	天文台
Supermercado	スーパーマーケット
Teatro	劇場
Torre	タワー
Universidad	大学

Electricidad
電気

Almacenamiento	ストレージ
Batería	電池
Bombilla	電球
Cable	ケーブル
Cables	ワイヤ
Cantidad	量
Electricista	電気技師
Eléctrico	電気
Enchufe	ソケット
Generador	発生器
Imán	磁石
Lámpara	ランプ
Láser	レーザー
Negativo	負
Objetos	オブジェクト
Positivo	正
Red	通信網
Televisión	テレビ
Teléfono	電話

Energía
エネルギー

Batería	電池
Calor	熱
Carbono	炭素
Combustible	燃料
Contaminación	汚染
Diesel	ディーゼル
Electrón	電子
Eléctrico	電気
Entropía	エントロピー
Fotón	光子
Gasolina	ガソリン
Hidrógeno	水素
Industria	業界
Motor	モーター
Nuclear	核
Renovable	再生可能
Sol	太陽
Turbina	タービン
Vapor	蒸気
Viento	風

Especias
スパイス

Agrio	サワー
Ajo	ニンニク
Amargo	苦い
Anís	アニス
Azafrán	サフラン
Canela	シナモン
Cebolla	玉葱
Clavo	クローブ
Comino	クミン
Curry	カレー
Dulce	甘い
Hinojo	フェンネル
Jengibre	ショウガ
Nuez Moscada	ナツメグ
Pimentón	パプリカ
Pimienta	コショウ
Regaliz	甘草
Sabor	味
Sal	塩
Vainilla	バニラ

Familia
ファミリー

Abuela	おばあちゃん
Abuelo	祖父
Antepasado	祖先
Esposa	妻
Hermana	姉妹
Hermano	兄弟
Hija	娘
Infancia	子供の頃
Madre	母
Marido	夫
Materno	母性
Nieto	孫
Niño	子供
Niños	子供達
Padre	父
Primo	いとこ
Sobrina	姪
Sobrino	甥
Tía	叔母
Tío	叔父

Física
物理学

Aceleración	加速
Átomo	原子
Caos	混沌
Densidad	密度
Electrón	電子
Fórmula	式
Frecuencia	周波数
Gas	ガス
Gravedad	重力
Magnetismo	磁気
Masa	質量
Mecánica	力学
Molécula	分子
Motor	エンジン
Nuclear	核
Partícula	粒子
Químico	化学薬品
Relatividad	相対性理論
Universal	ユニバーサル
Velocidad	速度

Flores
花々

Amapola	ポピー
Diente de León	タンポポ
Gardenia	クチナシ
Girasol	ひまわり
Hibisco	ハイビスカス
Jazmín	ジャスミン
Lavanda	ラベンダー
Lila	ライラック
Lirio	百合
Magnolia	マグノリア
Margarita	デイジー
Orquídea	蘭
Pasionaria	トケイソウ
Peonía	牡丹
Pétalo	花弁
Plumeria	プルメリア
Ramo	花束
Trébol	クローバー
Tulipán	チューリップ

Fruta
フルーツ

Aguacate	アボカド
Albaricoque	アプリコット
Baya	ベリー
Cereza	チェリー
Coco	ココナッツ
Frambuesa	ラズベリー
Guayaba	グアバ
Kiwi	キウイ
Limón	レモン
Mango	マンゴー
Manzana	アップル
Melocotón	桃
Melón	メロン
Naranja	オレンジ
Nectarina	ネクタリン
Papaya	パパイヤ
Pera	梨
Piña	パイナップル
Plátano	バナナ
Uva	葡萄

Fuerza y Gravedad
力と重力

Centro	センター
Descubrimiento	発見
Dinámico	動的
Distancia	距離
Eje	軸
Expansión	拡張
Física	物理学
Fricción	摩擦
Impacto	影響
Magnetismo	磁気
Magnitud	マグニチュード
Mecánica	力学
Órbita	軌道
Peso	重さ
Planetas	惑星
Presión	圧力
Propiedades	プロパティ
Tiempo	時間
Universal	ユニバーサル
Velocidad	速度

Geografía
地理学

Altitud	高度
Atlas	アトラス
Ciudad	市
Continente	大陸
Hemisferio	半球
Isla	島
Latitud	緯度
Longitud	経度
Mapa	地図
Mar	海
Meridiano	子午線
Montaña	山
Mundo	世界
Norte	北
Oeste	西
País	国
Región	領域
Río	川
Sur	南
Territorio	地域

Geología
地質学

Ácido	酸
Calcio	カルシウム
Capa	層
Caverna	洞窟
Continente	大陸
Coral	コーラル
Cristales	結晶
Cuarzo	石英
Erosión	侵食
Estalactita	鍾乳石
Estalagmitas	石筍
Fósil	化石
Géiser	間欠泉
Lava	溶岩
Meseta	高原
Minerales	ミネラル
Piedra	石
Sal	塩
Terremoto	地震
Volcán	火山

Geometría
ジオメトリ

Altura	高さ
Ángulo	角度
Cálculo	計算
Curva	曲線
Diámetro	直径
Dimensión	次元
Ecuación	方程式
Horizontal	水平
Lógica	論理
Masa	質量
Mediana	中央値
Número	番号
Paralelo	平行
Proporción	割合
Segmento	セグメント
Simetría	対称
Superficie	表面
Teoría	理論
Triángulo	三角形
Vertical	垂直

Gobierno
政府

Ciudadanía	市民権
Civil	市民
Constitución	憲法
Democracia	民主主義
Derechos	権利
Discurso	スピーチ
Discusión	議論
Estado	状態
Igualdad	平等
Independencia	独立
Judicial	司法
Justicia	正義
Ley	法律
Libertad	自由
Líder	リーダー
Monumento	記念碑
Nación	国家
Pacífico	平和
Política	政治
Símbolo	シンボル

Granja #1
ファーム #1

Abeja	蜂
Agricultura	農業
Agua	水
Arroz	米
Burro	ロバ
Caballo	馬
Cabra	ヤギ
Campo	フィールド
Cuervo	カラス
Fertilizante	肥料
Gato	猫
Heno	ヘイ
Miel	蜂蜜
Perro	犬
Pollo	チキン
Semillas	種子
Ternero	ふくらはぎ
Tierra	土地
Vaca	牛
Valla	フェンス

Granja #2
ファーム #2

Agricultor	農家
Animales	動物
Cebada	オオムギ
Colmena	蜂の巣
Comida	食べ物
Cordero	子羊
Fruta	フルーツ
Granero	納屋
Huerto	オーチャード
Leche	ミルク
Llama	ラマ
Maíz	コーン
Oveja	羊
Pastor	羊飼い
Pato	アヒル
Prado	牧草地
Riego	灌漑
Tractor	トラクター
Trigo	小麦
Vegetal	野菜

Herboristería
本草学

Ajo	ニンニク
Albahaca	バジル
Aromático	芳香族
Azafrán	サフラン
Calidad	品質
Culinario	料理
Eneldo	ディル
Estragón	タラゴン
Flor	花
Hinojo	フェンネル
Ingrediente	成分
Jardín	庭
Lavanda	ラベンダー
Mejorana	マージョラム
Menta	ミント
Perejil	パセリ
Planta	植物
Romero	ローズマリー
Sabor	味
Verde	緑

Ingeniería
エンジニアリング

Ángulo	角度
Cálculo	計算
Construcción	建設
Diagrama	図
Diámetro	直径
Diesel	ディーゼル
Distribución	分布
Eje	軸
Energía	エネルギー
Estabilidad	安定性
Estructura	構造
Fricción	摩擦
Fuerza	強さ
Líquido	液体
Máquina	機械
Medición	測定
Motor	モーター
Palancas	レバー
Profundidad	深さ
Propulsión	推進

Insectos
昆虫

Abeja	蜂
Avispa	スズメバチ
Áfido	アブラムシ
Cigarra	蝉
Cucaracha	ゴキブリ
Escarabajo	甲虫
Gusano	ワーム
Hormiga	蟻
Langosta	イナゴ
Larva	幼虫
Libélula	トンボ
Mantis	カマキリ
Mariposa	蝶
Mariquita	てんとう虫
Mosquito	蚊
Polilla	蛾
Pulga	ノミ
Saltamontes	バッタ
Termita	シロアリ

Instrumentos Musicales
楽器

Armónica	ハーモニカ
Arpa	ハープ
Banjo	バンジョー
Clarinete	クラリネット
Fagot	ファゴット
Flauta	フルート
Gong	ゴング
Guitarra	ギター
Mandolina	マンドリン
Marimba	マリンバ
Oboe	オーボエ
Pandereta	タンバリン
Percusión	パーカッション
Piano	ピアノ
Saxofón	サックス
Tambor	ドラム
Trombón	トロンボーン
Trompeta	トランペット
Violín	バイオリン
Violonchelo	チェロ

Jardinería
ガーデニング

Agua	水
Botánico	植物
Clima	気候
Comestible	食用
Compost	堆肥
Contenedor	容器
Especie	種
Estacional	季節
Exótico	エキゾチック
Flor	花
Floral	フローラル
Follaje	葉
Huerto	オーチャード
Humedad	水分
Manguera	ホース
Ramo	花束
Semillas	種子
Suciedad	泥
Suelo	土

Jardín
ガーデン

Arbusto	ブッシュ
Árbol	木
Banco	ベンチ
Césped	芝生
Estanque	池
Flor	花
Garaje	ガレージ
Hamaca	ハンモック
Hierba	草
Huerto	オーチャード
Jardín	庭
Malezas	雑草
Manguera	ホース
Pala	シャベル
Porche	ポーチ
Rastrillo	熊手
Suelo	土
Terraza	テラス
Trampolín	トランポリン
Valla	フェンス

Jazz
ジャズ

Artista	アーティスト
Álbum	アルバム
Canción	歌
Composición	構成
Compositor	作曲家
Concierto	コンサート
Estilo	スタイル
Énfasis	強調
Famoso	有名な
Favoritos	お気に入り
Género	ジャンル
Improvisación	即興
Música	音楽
Nuevo	新着
Orquesta	オーケストラ
Ritmo	リズム
Talento	才能
Tambores	ドラム
Técnica	技術
Viejo	古い

La Empresa
ザ・カンパニー

Calidad	品質
Creativo	クリエイティブ
Decisión	決定
Empleo	雇用
Global	グローバル
Industria	業界
Ingresos	収益
Innovador	革新的
Inversión	投資
Negocio	ビジネス
Posibilidad	可能性
Presentación	プレゼンテーション
Producto	製品
Profesional	プロ
Progreso	進捗
Recursos	リソース
Reputación	評判
Riesgos	リスク
Tendencias	トレンド
Unidades	単位

Libros
書籍

Autor	著者
Aventura	冒険
Colección	コレクション
Dualidad	二重性
Epopeya	エピック
Escrito	書かれた
Historia	ストーリー
Histórico	歴史的
Humorístico	ユーモラス
Inventivo	発明
Lector	読者
Literario	文学
Narrador	ナレーター
Novela	小説
Palabras	言葉
Página	ページ
Pertinente	関連する
Poema	詩
Serie	シリーズ
Trágico	悲劇的

Literatura
文学

Analogía	類推
Análisis	分析
Anécdota	逸話
Autor	著者
Biografía	伝記
Comparación	比較
Conclusión	結論
Descripción	説明
Diálogo	対話
Estilo	スタイル
Ficción	フィクション
Metáfora	比喩
Narrador	ナレーター
Novela	小説
Poema	詩
Poético	詩的
Rima	韻
Ritmo	リズム
Tema	テーマ
Tragedia	悲劇

Los Medios de Comunicación
メディア

Actitudes	態度
Comercial	商業
Comunicación	通信
Digital	デジタル
Edición	版
Educación	教育
En Línea	オンライン
Financiación	資金調達
Fotos	写真
Hechos	事実
Industria	業界
Intelectual	知的
Local	ローカル
Opinión	意見
Periódicos	新聞
Público	公共
Radio	ラジオ
Red	通信網
Revistas	雑誌
Televisión	テレビ

Mamíferos
哺乳類

Ballena	鯨
Burro	ロバ
Caballo	馬
Camello	キャメル
Canguro	カンガルー
Cebra	シマウマ
Conejo	うさぎ
Coyote	コヨーテ
Delfín	イルカ
Elefante	象
Gato	猫
Gorila	ゴリラ
Jirafa	キリン
Lobo	狼
Mono	猿
Oso	熊
Oveja	羊
Perro	犬
Toro	ブル
Zorro	狐

Mascotas
ペット

Agua	水
Cabra	ヤギ
Cachorro	子犬
Cola	尾
Collar	襟
Comida	食べ物
Conejo	うさぎ
Garras	爪
Gatito	子猫
Gato	猫
Hámster	ハムスター
Lagarto	トカゲ
Loro	オウム
Patas	足
Perro	犬
Pescado	魚
Ratón	ねずみ
Tortuga	カメ
Vaca	牛
Veterinario	獣医

Matemáticas
数学

Aritmética	算術
Ángulos	角度
Circunferencia	円周
Decimal	小数
Diámetro	直径
Ecuación	方程式
Exponente	指数
Fracción	分数
Geometría	幾何学
Números	数字
Paralelo	平行
Paralelogramo	平行四辺形
Perímetro	周囲
Perpendicular	垂直
Polígono	多角形
Radio	半径
Rectángulo	矩形
Simetría	対称
Triángulo	三角形
Volumen	ボリューム

Mediciones
測定値

Altura	高さ
Ancho	幅
Byte	バイト
Centímetro	センチメートル
Decimal	小数
Grado	度
Gramo	グラム
Kilogramo	キログラム
Kilómetro	キロメートル
Litro	リットル
Longitud	長さ
Masa	質量
Metro	メーター
Minuto	分
Onza	オンス
Peso	重さ
Profundidad	深さ
Pulgada	インチ
Tonelada	トン
Volumen	ボリューム

Meditación
瞑想

Aceptación	受け入れ
Atención	注意
Bondad	親切
Claridad	明快
Compasión	思いやり
Emociones	感情
Gratitud	感謝
Hábitos	習慣
Mental	メンタル
Mente	マインド
Movimiento	動き
Música	音楽
Naturaleza	自然
Observación	観察
Paz	平和
Pensamientos	思考
Perspectiva	パースペクティブ
Postura	姿勢
Respiración	呼吸
Silencio	沈黙

Mitología
神話

Arquetipo	原型
Celos	嫉妬
Cielo	天国
Comportamiento	行動
Creación	作成
Creencias	信念
Criatura	生き物
Cultura	文化
Desastre	災害
Fuerza	強さ
Guerrero	戦士
Héroe	ヒーロー
Inmortalidad	不死
Laberinto	ラビリンス
Leyenda	伝説
Monstruo	モンスター
Mortal	モータル
Rayo	稲妻
Trueno	雷
Venganza	復讐

Moda
ファッション

Asequible	手頃な価格
Bordado	刺繍
Botones	ボタン
Boutique	ブティック
Caro	高価な
Elegante	エレガント
Encaje	レース
Estilo	スタイル
Mediciones	測定
Minimalista	ミニマリスト
Moderno	モダン
Original	オリジナル
Patrón	パターン
Práctico	実用的
Ropa	衣類
Sofisticado	洗練された
Tejido	生地
Tendencia	トレンド
Textura	テクスチャ

Mueble
家具

Alfombra	ラグ
Almohada	枕
Armario	戸棚
Banco	ベンチ
Cama	ベッド
Cojines	クッション
Colchón	マットレス
Cortinas	カーテン
Cómoda	ドレッサー
Edredones	掛け布団
Escritorio	机
Espejo	鏡
Estantería	本棚
Estantes	棚
Futón	布団
Hamaca	ハンモック
Lámpara	ランプ
Silla	椅子
Sillón	アームチェア
Sofá	ソファ

Música
音楽

Armonía	調和
Armónico	ハーモニック
Álbum	アルバム
Balada	バラード
Cantante	歌手
Cantar	歌う
Clásico	クラシック
Coro	コーラス
Grabación	録音
Improvisar	即興
Instrumento	楽器
Melodía	メロディー
Micrófono	マイク
Musical	ミュージカル
Músico	音楽家
Ópera	オペラ
Poético	詩的
Ritmo	リズム
Tempo	テンポ
Vocal	ボーカル

Naturaleza
自然

Abejas	蜂
Animales	動物
Ártico	北極
Belleza	美しさ
Bosque	森
Desierto	砂漠
Dinámico	動的
Erosión	侵食
Follaje	葉
Glaciar	氷河
Niebla	霧
Nubes	雲
Pacífico	平和
Refugio	シェルター
Río	川
Salvaje	野生
Santuario	サンクチュアリ
Sereno	穏やか
Tropical	トロピカル
Vital	重要

Negocio
ビジネス

Carrera	経歴
Costo	費用
Descuento	割引
Dinero	お金
Economía	経済学
Empleado	従業員
Empleador	雇用者
Empresa	会社
Fábrica	工場
Finanzas	金融
Impuestos	税金
Inversión	投資
Mercancía	商品
Moneda	通貨
Oficina	オフィス
Presupuesto	予算
Tienda	店
Trabajo	仕事
Transacción	取引
Venta	販売

Nutrición
栄養

Amargo	苦い
Apetito	食欲
Calidad	品質
Calorías	カロリー
Carbohidratos	炭水化物
Comestible	食用
Dieta	ダイエット
Digestión	消化
Equilibrado	バランス
Fermentación	発酵
Hábitos	習慣
Nutriente	栄養素
Peso	重さ
Proteínas	タンパク質
Sabor	味
Salsa	ソース
Salud	健康
Saludable	元気
Toxina	毒素
Vitamina	ビタミン

Números
数字

Catorce	十四
Cero	ゼロ
Cinco	五
Cuatro	四
Decimal	小数
Diecinueve	十九
Dieciocho	十八
Dieciséis	十六
Diecisiete	セブンティーン
Diez	十
Doce	十二
Dos	二
Nueve	九
Ocho	八
Quince	十五
Seis	六
Siete	セブン
Trece	十三
Tres	三
Veinte	二十

Océano
海洋

Alga	藻
Anguila	うなぎ
Arrecife	リーフ
Atún	ツナ
Ballena	鯨
Barco	ボート
Camarón	エビ
Cangrejo	カニ
Coral	コーラル
Delfín	イルカ
Esponja	スポンジ
Mareas	潮汐
Medusa	クラゲ
Ostra	カキ
Pescado	魚
Pulpo	たこ
Sal	塩
Tiburón	鮫
Tormenta	嵐
Tortuga	カメ

Paisajes
風景

Cascada	滝
Cueva	洞窟
Desierto	砂漠
Estuario	河口
Géiser	間欠泉
Glaciar	氷河
Iceberg	氷山
Isla	島
Lago	湖
Laguna	ラグーン
Mar	海
Montaña	山
Oasis	オアシス
Pantano	沼
Península	半島
Playa	ビーチ
Río	川
Tundra	ツンドラ
Valle	谷
Volcán	火山

Países #1
国 #1

Alemania	ドイツ
Argentina	アルゼンチン
Bélgica	ベルギー
Brasil	ブラジル
Canadá	カナダ
Ecuador	エクアドル
Egipto	エジプト
España	スペイン
Filipinas	フィリピン
Honduras	ホンジュラス
India	インド
Italia	イタリア
Libia	リビア
Malí	マリ
Marruecos	モロッコ
Nicaragua	ニカラグア
Noruega	ノルウェー
Panamá	パナマ
Polonia	ポーランド
Venezuela	ベネズエラ

Países #2
国 #2

Albania	アルバニア
Australia	オーストラリア
Austria	オーストリア
Dinamarca	デンマーク
Etiopía	エチオピア
Francia	フランス
Grecia	ギリシャ
Indonesia	インドネシア
Irlanda	アイルランド
Jamaica	ジャマイカ
Japón	日本
Laos	ラオス
México	メキシコ
Pakistán	パキスタン
Portugal	ポルトガル
Rusia	ロシア
Siria	シリア
Sudán	スーダン
Ucrania	ウクライナ
Uganda	ウガンダ

Pájaros
鳥類

Avestruz	ダチョウ
Águila	鷲
Cigüeña	コウノトリ
Cisne	白鳥
Cuco	カッコウ
Cuervo	カラス
Flamenco	フラミンゴ
Ganso	ガチョウ
Garza	サギ
Gaviota	カモメ
Gorrión	スズメ
Halcón	鷹
Huevo	卵
Loro	オウム
Paloma	鳩
Pato	アヒル
Pelícano	ペリカン
Pingüino	ペンギン
Pollo	チキン
Tucán	オオハシ

Plantas
植物

Arbusto	ブッシュ
Árbol	木
Bambú	竹
Baya	ベリー
Bosque	森
Botánica	植物学
Cactus	サボテン
Fertilizante	肥料
Flor	花
Flora	フローラ
Follaje	葉
Frijol	豆
Hiedra	蔦
Hierba	草
Jardín	庭
Musgo	苔
Pétalo	花弁
Raíz	根
Sol	太陽
Vegetación	植生

Profesiones #1
職業 #1

Abogado	弁護士
Astrónomo	天文学者
Atleta	アスリート
Bailarín	踊り子
Banquero	銀行家
Bombero	消防士
Cartógrafo	地図製作者
Cazador	ハンター
Doctor	医者
Editor	編集者
Embajador	大使
Enfermera	看護婦
Entrenador	コーチ
Fontanero	配管工
Geólogo	地質学者
Joyero	宝石商
Músico	音楽家
Pianista	ピアニスト
Psicólogo	心理学者
Veterinario	獣医

Profesiones #2
職業 #2

Astronauta	宇宙飛行士
Bibliotecario	司書
Biólogo	生物学者
Cirujano	外科医
Dentista	歯医者
Detective	探偵
Filósofo	哲学者
Fotógrafo	写真家
Ilustrador	イラストレーター
Ingeniero	エンジニア
Inventor	発明者
Investigador	研究者
Jardinero	庭師
Lingüista	言語学者
Médico	医師
Periodista	ジャーナリスト
Piloto	パイロット
Pintor	画家
Profesor	先生
Zoólogo	動物学者

Psicología
心理学

Clínico	臨床
Cognición	認知
Comportamiento	行動
Conflicto	対立
Ego	自我
Emociones	感情
Evaluación	評価
Experiencias	経験
Ideas	アイデア
Inconsciente	無意識
Infancia	子供の頃
Influencias	影響
Pensamientos	思考
Percepción	知覚
Problema	問題
Realidad	現実
Recuerdos	思い出
Sensación	感覚
Sueños	夢
Terapia	治療

Química
化学

Alcalino	アルカリ性
Ácido	酸
Calor	熱
Carbono	炭素
Catalizador	触媒
Cloro	塩素
Electrón	電子
Enzima	酵素
Gas	ガス
Hidrógeno	水素
Ion	イオン
Líquido	液体
Metales	金属
Molécula	分子
Nuclear	核
Oxígeno	酸素
Peso	重さ
Reacción	反応
Sal	塩
Temperatura	温度

Restaurante #2
レストラン #2

Agua	水
Almuerzo	ランチ
Aperitivo	前菜
Bebida	飲料
Camarero	ウェイター
Cena	夕食
Cuchara	スプーン
Delicioso	美味しい
Ensalada	サラダ
Especias	スパイス
Fruta	フルーツ
Hielo	氷
Huevos	卵
Pastel	ケーキ
Pescado	魚
Sal	塩
Silla	椅子
Sopa	スープ
Tenedor	フォーク
Verduras	野菜

Ropa
洋服

Abrigo	コート
Blusa	ブラウス
Bufanda	スカーフ
Camisa	シャツ
Chaqueta	ジャケット
Cinturón	ベルト
Collar	ネックレス
Delantal	エプロン
Falda	スカート
Guantes	手袋
Joyas	ジュエリー
Moda	ファッション
Pantalones	パンツ
Pijama	パジャマ
Pulsera	ブレスレット
Sandalias	サンダル
Sombrero	帽子
Suéter	セーター
Vestido	ドレス
Zapato	靴

Salud y Bienestar #1
ヘルス＆ウェルネス #1

Activo	アクティブ
Altura	高さ
Bacterias	細菌
Clínica	診療所
Doctor	医者
Farmacia	薬局
Fractura	骨折
Hambre	飢餓
Hábito	習慣
Hormonas	ホルモン
Huesos	骨
Medicina	薬
Músculos	筋肉
Nervios	神経
Piel	肌
Postura	姿勢
Reflejo	反射
Relajación	リラクゼーション
Terapia	治療
Virus	ウイルス

Salud y Bienestar #2
ヘルス＆ウェルネス #2

Alergia	アレルギー
Anatomía	解剖学
Apetito	食欲
Caloría	カロリー
Dieta	ダイエット
Digestión	消化
Energía	エネルギー
Enfermedad	病気
Estrés	ストレス
Genética	遺伝学
Higiene	衛生
Hospital	病院
Infección	感染
Masaje	マッサージ
Nutrición	栄養
Peso	重さ
Recuperación	回復
Saludable	元気
Sangre	血
Vitamina	ビタミン

Selva Tropical
レインフォレスト

Anfibios	両生類
Botánico	植物
Clima	気候
Comunidad	コミュニティ
Diversidad	多様性
Especie	種
Indígena	先住民族
Insectos	虫
Mamíferos	哺乳類
Musgo	苔
Naturaleza	自然
Nubes	雲
Pájaros	鳥
Preservación	保存
Refugio	避難
Respeto	尊敬
Restauración	復元
Selva	ジャングル
Supervivencia	生存
Valioso	貴重

Senderismo
ハイキング

Acantilado	崖
Agua	水
Animales	動物
Botas	ブーツ
Camping	キャンプ
Cansado	疲れた
Clima	気候
Cumbre	サミット
Guías	ガイド
Mapa	地図
Montaña	山
Mosquitos	蚊
Naturaleza	自然
Orientación	オリエンテーション
Parques	公園
Pesado	重い
Piedras	石
Preparación	準備
Salvaje	野生
Sol	太陽

Suministros de Arte
アートサプライ

Aceite	油
Acrílico	アクリル
Acuarelas	水彩画
Agua	水
Arcilla	粘土
Borrador	消しゴム
Caballete	イーゼル
Cámara	カメラ
Cepillos	ブラシ
Colores	色
Creatividad	創造性
Ideas	アイデア
Lápices	鉛筆
Mesa	テーブル
Papel	紙
Pasteles	パステル
Pegamento	のり
Pinturas	塗料
Silla	椅子
Tinta	インク

Tecnología
テクノロジー

Archivo	ファイル
Blog	ブログ
Bytes	バイト
Cámara	カメラ
Cursor	カーソル
Datos	データ
Digital	デジタル
Estadísticas	統計
Fuente	フォント
Internet	インターネット
Investigación	研究
Mensaje	メッセージ
Navegador	ブラウザ
Ordenador	コンピュータ
Pantalla	画面
Seguridad	安全
Software	ソフトウェア
Virtual	仮想
Virus	ウイルス

Tiempo
時間

Ahora	今
Antes	前
Anual	通年
Año	年
Ayer	昨日
Calendario	カレンダー
Década	十年
Día	日
Futuro	未来
Hora	時間
Hoy	今日
Mañana	朝
Mediodía	昼
Mes	月
Minuto	分
Momento	一瞬
Noche	夜
Reloj	時計
Semana	週
Siglo	世紀

Tipos de Cabello
ヘアタイプ

Blanco	白い
Brillante	シャイニー
Cabelludo	頭皮
Calvo	禿
Coloreado	有色
Corto	短い
Delgada	薄い
Gris	グレー
Grueso	厚い
Marrón	茶色
Negro	ブラック
Plata	銀
Rizado	カーリー
Rizos	カール
Rubio	ブロンド
Saludable	元気
Seco	ドライ
Suave	ソフト
Trenzado	編組
Trenzas	三つ編み

Universo
宇宙

Asteroide	小惑星
Astronomía	天文学
Astrónomo	天文学者
Atmósfera	雰囲気
Celestial	天体
Cielo	空
Cósmico	コズミック
Ecuador	赤道
Galaxia	銀河
Hemisferio	半球
Horizonte	地平線
Latitud	緯度
Longitud	経度
Luna	月
Oscuridad	闇
Órbita	軌道
Solar	太陽
Solsticio	至点
Telescopio	望遠鏡
Visible	目に見える

Vacaciones #2
バケーション #2

Aeropuerto	空港
Carpa	テント
Destino	行き先
Extranjero	外国人
Fotos	写真
Hotel	ホテル
Isla	島
Mapa	地図
Mar	海
Ocio	レジャー
Pasaporte	パスポート
Playa	ビーチ
Reservas	予約
Restaurante	レストラン
Taxi	タクシー
Transporte	交通
Tren	列車
Vacaciones	休日
Viaje	旅
Visa	ビザ

Vehículos
車両

Ambulancia	救急車
Autobús	バス
Avión	飛行機
Balsa	いかだ
Barco	ボート
Bicicleta	自転車
Camión	トラック
Caravana	キャラバン
Coche	車
Cohete	ロケット
Ferry	フェリー
Helicóptero	ヘリコプター
Lanzadera	シャトル
Metro	地下鉄
Motor	モーター
Neumáticos	タイヤ
Submarino	潜水艦
Taxi	タクシー
Tractor	トラクター
Tren	列車

Verduras
野菜

Ajo	ニンニク
Alcachofa	アーティチョーク
Apio	セロリ
Berenjena	茄子
Brócoli	ブロッコリー
Calabaza	かぼちゃ
Cebolla	玉葱
Ensalada	サラダ
Espinacas	ほうれん草
Guisante	エンドウ
Jengibre	ショウガ
Nabo	カブ
Oliva	オリーブ
Patata	じゃがいも
Pepino	キュウリ
Perejil	パセリ
Rábano	だいこん
Seta	キノコ
Tomate	トマト
Zanahoria	にんじん

Enhorabuena

Lo has conseguido!

Esperamos que hayas disfrutado de este libro tanto como nosotros al diseñarlo. Nos esforzamos por crear libros de la máxima calidad posible.
Esta edición está diseñada para proporcionar un aprendizaje inteligente, de calidad y divertido!

¿Te ha gustado este libro?

Una Petición Sencilla

Estos libros existen gracias a las reseñas que se publican.
¿Podrías ayudarnos dejando una reseña ahora?
Aquí tienes un breve enlace a la página de reseñas

BestBooksActivity.com/Opiniones50

¡DESAFÍO FINAL!

Reto n°1

¿Estás listo para tu juego gratis? Los utilizamos siempre, pero no son tan fáciles de encontrar. ¡Aquí están los **Sinónimos!**
Escribe 5 palabras que hayas encontrado en los rompecabezas (#21, #36, #76) y trata de encontrar 2 sinónimos para cada palabra.

Escriba 5 palabras del **Puzzle 21**

Palabras	Sinónimo 1	Sinónimo 2

Escriba 5 palabras del **Puzzle 36**

Palabras	Sinónimo 1	Sinónimo 2

Escriba 5 palabras del **Puzzle 76**

Palabras	Sinónimo 1	Sinónimo 2

Reto n°2

Ahora que te has calentado, escribe 5 palabras que hayas encontrado en los Puzzles 9, 17 y 25 e intenta encontrar 2 antónimos para cada palabra. ¿Cuántos puedes encontrar en 20 minutos?

Escriba 5 palabras del **Puzzle 9**

Palabras	Antónimo 1	Antónimo 2

Escriba 5 palabras del **Puzzle 17**

Palabras	Antónimo 1	Antónimo 2

Escriba 5 palabras del **Puzzle 25**

Palabras	Antónimo 1	Antónimo 2

Reto n°3

¡Genial! Este desafío final no es nada para ti.

¿Preparado para el reto final? Elige 10 palabras que hayas descubierto en los diferentes rompecabezas y escríbelas a continuación.

1.	6.
2.	7.
3.	8.
4.	9.
5.	10.

Ahora escribe un texto pensando en una persona, un animal o un lugar que te guste.

Puedes usar la última página de este libro como borrador.

Tu Composición:

_____

_____

_____

_____

.

_____

_____

CUADERNO DE NOTAS :

HASTA PRONTO !

Todo el Equipo